學術論文集叢書

穿越記憶與傳說：
東南亞文化的五重奏

2023「東南亞族群與文化」
國際學術研討會論文集

簡光明　主編

院長序

　　延續著之前的研討會並出版論文集，簡光明院長在「2023東南亞族群與文化國際學術研討會」聚集了一群致力於東南亞文化研究的專家學者，共同探索、交流並提出各種交互激盪的觀點，為學術界增添了貢獻。現在，我們收錄了這次研討會中的五篇經典論文集結出版，名為《穿越記憶與傳說：東南亞文化的五重奏》。

　　這本論文集展示了東南亞文化研究中不同領域與思維的交錯，也展現出傳統與現代之間的辯證，讓我們能更深入地理解東南亞的思想和文化變遷。在經濟區域與文化群落多彩多姿的東南亞，記憶與傳說所呈現的文化基底，也是解釋這地區多元文化和社會變遷的關鍵。這五篇論文，清楚點出了傳統信仰、語言與思想關係，也深入探索了各種文化現象之間的深層連結。

　　這本論文集能夠出版，要感謝的人很多：前任院長簡光明教授、前任副院長林秀教授、中國語文學系黃文車教授、文化發展學位學程原專班李馨慈副教授、社會發展學系吳品賢副教授、林欣眉和吳若語兩位同仁，讓研討會得以圓滿落幕；林大維副院長以及陳思雅同仁，協助主編簡院長進行論文集出版工作。當然，如果沒有所有作者的參與，這本論文集更無法完成！希望本書之出版，不是只在書架上多一個裝飾，而是能更完善該領域的研究，激發新的思想。

賀瑞麟

國立屏東大學文化創意產業系教授兼人文社會學院院長

主編序

　　本校自合校以來即積極響應政府新南向政策，與東南亞國家的大學建立姊妹校，簽訂合作備忘錄。近年來，人文社會學院加強與東南亞大學校院的交流，在2018年1月、2018年8月、2019年7月辦理三梯次假日學校，邀請東南亞地區大學生到屏東來體驗臺灣文化，這項活動讓兩個地區的大學生留下深刻的印象與深厚的友誼。2020年至2021年因為新冠肺炎的蔓延，無法實體交流。2022年4月15日採線上會議模式舉辦「東南亞社會與文化國際學術研討會」，會後並出版《域外華人的多元交響——2022「東南亞社會與文化」國際學術研討會論文集》；2023年4月14日，舉辦「東南亞族群與文化國際學術研討會」，匯聚臺灣、馬來西亞、越南、緬甸及印尼等人文社會領域相關專家學者，研討座談東南亞社會與文化相關議題，商談疫情下學術合作之多元發展，藉以強化臺灣與東協、南亞國家之間的交流。本校多所東南亞地區的姊妹校參與本次會議，藉由學術研討強化交流，期待未來校際間可以互派教師、共同研究，或藉由交換學生、留學計畫，活絡校際間師生之往來。

　　本次會議於線上平臺進行，會議內容包含專題演講、論文發表與座談會。專題演講特邀新加坡國立大學丁荷生（Kenneth Dean）教授主講「一海一廟：新加坡及東南亞廟宇與社團網路的歷史轉型」，聚焦於華人的寺廟和會館，考察十九世紀到二十一世紀，其在建立貿易和商業信任網路、建立貿易和商業信任網路、新加坡城市建設等方面，所做出的重大而關鍵的貢獻。並且運用新的社交媒體和現代交通方式，產生了新的跨區域網路。講座運用田野調查的文獻與史料，細緻地呈現廟宇與社團的發展與變化。論文發表有兩場次，共發表八篇論文，探討課題為：宗教信仰、喪葬禮俗、華人文學、民間傳說、語言發展等。議題多元而豐富，論文見解精闢，深具學術意義與價值。座談會有兩場次，「台灣與東南亞原住民交流與對話」配合原住民專班

正在執行的計畫及延續2022年臺灣與菲律賓原住民交流與對話的主題，擴展與其他地區原住民進行深度的對話；「內戰下的國家與族群」則為新闢單元，藉以了解內戰對於族群的影響。論文集收錄五篇學術論文，主要為語言發展與民間傳說為主，故以《穿越記憶與傳說：東南亞文化的五重奏》為書題。

　　研討會的籌備，中國語文學系黃文車主任負責論文發表，文化發展原住民專班李馨慈主任與社會發展學系吳品賢教授負責座談，使計畫得以完成；線上會議的舉辦，林秀蓉副院長帶領院辦行政助理陳思雅、林欣眉與吳若語，讓會議得以順利圓滿。會議論文集的編輯，則有賴賀瑞麟院長、林大維副院長與陳思雅行政助理的協助，使學術研討會的研究成果得以與學界分享。

簡光明

國立屏東大學中國語文學系教授

目次

院長序……………………………………………賀瑞麟　I
主編序……………………………………………簡光明　III

越南北部石敢當信仰的現代轉化………………阮黃燕　1
緬甸華人的鄉愁記憶和民間信仰文化空間
　　——以緬甸岱枝和泉州馬甲鎮洋坑村兩地康濟廟
　　　為案例…………………………………杜　溫　25
馬來西亞檳城破浪布袋戲的語言風格…………楊迎楹　41
黃桐城及其潮州民間傳說書寫…………………邱彩韻　57
《華夷通語》中的泉音與漳音…………………嚴立模　77

2023「東南亞族群與文化」國際學術研討會議程表………119

越南北部石敢當信仰的現代轉化[*]

阮黃燕[**]

摘 要

　　石敢當崇拜可謂越南當代社會較為特殊的民間信仰，其作為越中兩國長期文化交流的產物之一，很早就傳入越南各地，並對當地人民生活產生了一定的影響。隨著時代的更替和社會的變遷，越南石敢當信仰也產生了極大的改變，最典型的案例就是越南北部竟然出現了石敢當熱的商品化現象，即石敢當以各種各樣的商業產品的形式問世並取得了民眾／消費者的信任。因此，本文透過文獻研讀、田野調查和深度訪談等方法，結合宗教心理學、宗教市場以及市場營銷理論，探討石敢當信仰熱在當代越南北部社會的現狀、運作方式與原因。本文主要討論三個內容，分別是北部石敢當熱的面貌和本質、探討其現象背後個人及團體利益的彰顯及其所可能帶來的危機。籍此揭開越南北部石敢當商品化現象的面貌和幕後推手、現時代越南民間信仰面貌的一角，並促進石敢當等外來民間信仰在越南乃至東亞的傳播與研究。

關鍵詞：越南、石敢當、民間信仰、世俗化、商品化

---

[*]　本研究承蒙越南國家大學胡志明市人文社會科學大學支持，編號：B2024-18b-05。(This research is funded by University of Social Sciences and Humanities, Viet Nam National University Ho Chi Minh City under grant number B2024-18b-05.)

[**]　越南胡志明市人文社會科學大學東方學系助理教授。(Hoang Yen Nguyen, University of Social Sciences and Humanities, VNU-HCM)

一　前言

　　中國石敢當信仰傳入越南的歷史可謂非常悠久，然而其命運卻輾轉起伏。曾經，越南大江南北都可以看到石敢當的足跡。後來一段時間石敢當慢慢淡出民眾的視野，其起源和含義一度被世人所忘記或誤解。直到20世紀末、21世紀初，石敢當突然在越南北部掀起了一波熱潮，[1]形成了名副其實的再神聖化的復興過程。各種形式、尺寸、材質、價格的石敢當產品大量出現在眾人面前，且在風水實體店面和各個社交平臺、網站上露面，一時間吸引了新一批信徒和消費者，形成了石敢當商品化、市場化的復興趨勢。

　　越南石敢當信仰在現代生活中的這種最新衍化，是越南民間信仰，同時也是東亞文化交流研究中一個比較典型且特殊的題目。然而，直到目前為止，有關越南石敢當信仰現代轉化的研究並不多。過去研究主要集中考察石敢當傳入越南時間及其現代分布。[2]其餘可以討論的問題，如越南石敢當商品化的情況如何、石敢當信仰基於什麼原因和基礎而開始了商品化、市場化的過程？這個過程是不可避免、自然而然的趨勢，還是背後有秘密的推動者或推動勢力？如果有，這些勢力是如何讓石敢當成功翻身的？而石敢當產品化是否會影響其信仰本身及其神聖價值？會不會模糊了石敢當信仰的原貌？我們該如何看待石敢當商品化／再神聖化現象等等。

　　以上種種問題，就是本文主要想探討的課題。透過田野調查、深度訪談和文獻研讀等研究方法和技巧，筆者將對越南石敢當商品化過程進行深入的研究，期望藉此解開石敢當在現代越南社會成功翻身的有趣現象，彌補目前

1　參考阮黃燕：〈簡論越南石敢當信仰〉，《泰山學院學報》，第37卷第5期，2015年12月，頁22。

2　截至目前為止，筆者僅找到兩筆學術文章探討石敢當相關的內容，包括阮黃燕：〈簡論越南石敢當信仰〉，《泰山學院學報》，第37卷第5期，2015年12月，頁21-25和阮黃燕：〈延續與沒落：論越南石敢當信仰的現代轉化〉，「第五屆臺越人文比較研究國際研討會」，臺南：國立成功大學，2022年11月19-20日，其餘皆是各媒體的報導或評論，其研究現狀可謂相當微薄。

學術界對於越南石敢當研究的缺乏，亦能讓我們一窺越南當代民間信仰面貌的一角，這同時也是探討一種外來信仰／文化如何在越南本土化、內化的機會。

二 越南北部石敢當熱潮的多重面貌

20世紀末、21世紀初，石敢當在越南北部各地轟然流行了起來，其銷售表現可謂極為亮眼。市場上，各家風水店爭先恐後地推出了各種各樣的石敢當產品，這些產品形狀、材質、尺寸、大小、價格各不相同，應有盡有。形狀有長方形、柱形、小山形、麒麟伴石形等，另有擺放式、掛式、貼式等；材質方面則多為石頭、金屬或紙質。尺寸有的小巧玲瓏，可以折疊起來放在錢包裡，有的可以整整齊齊地放在桌上，有的卻高達三米亭亭玉立地站在院子裡（參見圖1）。造型有的就單獨寫「石敢當／泰山石敢當」幾個字，有時就跟老虎、麒麟、龍龜、八卦圖等搭配在一起，其目的不外乎增強它的功效，[3] 藉此來說服並獲得民眾／消費者的信賴。石敢當產品的價格更是無所不有，從非常親民的幾十萬，到幾十億越南盾都有。這些產品，大部分都寫著「泰山石敢當」，只寫「石敢當」並不多。從以上石敢當產品的情況可推論，北部民眾／消費者對石敢當產品的需求是相當大的，所以市場上才出現了這樣豐富多樣的產品圖鑑。

3　參考阮黃燕：〈簡論越南石敢當信仰〉，《泰山學院學報》，第37卷第5期，2015年12月，頁23。

圖1　越南市場上可見的一些石敢當產品（圖片來源：各風水店提供）

　　不同材質、尺寸、形式的石敢當，也決定了其不同的擺放位置。過去越南石敢當如同中國一樣多建在路旁、路直沖門處、拐角處、水沖處等地。而近四十年來新擺放的石敢當，根據風水師（又稱地理師，以下統一稱「風水師」）的說詞和指示，除了以上比較常見的地方，還可以在家中、在院子裡、在錢包裡、在公司門口等地擺放（參見圖2），甚至還可以埋在地下。換句話說，只要哪裡需要鎮宅、避邪、求平安，石敢當就可以放在哪裡，顯示

了其非常強烈的實用性、功利性和便利性。

而石敢當之所以可以在越南北部變得如此炙手可得，其主要原因是石敢當被賦予了包羅萬象、無所不能的功能。現當代的石敢當保留了鎮宅、驅邪的傳統作用，在其求安全、保平安的基礎上，凡現代人有何心理需求和擔心，石敢當便可以發揮其神奇的作用來滿足人們的需求。因此，我們會看到琳瑯滿目的廣告詞，說石敢當可避邪、保健康、除百病、促發財、促生意興隆、甚至到求子、防小人、防上司欺負和防丈夫外遇、防第三者接近等等無奇不有的功能。見其用詞就可以認出，這些心理壓力和害怕，都是現代化生活、物質化生活所給人們帶來的各種普遍性的壓力。而石敢當，作為一種求平安的民間信仰，在此環境裡就擁有了應運而再次火起來的難得機遇。

石敢當傳入越南並在各地廣泛流傳，後來又在北部流行了起來，是越南當代生活中民間信仰復興的特殊例子，也是中國習俗和文化往外流傳的實例，更是東亞民俗地圖的一部分。而石敢當在越南當代生活中的衍化，又是外來民俗文化內化的過程，反映出了越南相較於其他東亞國家和地區發展出自己文化的例子，值得我們進行深入的討論。

圖2　一家公司門前的泰山石敢當碑（圖片來源：Q.T.、TUẤN PHÙNG拍攝）

三　無所不備：越南北部石敢當熱的各種要素

　　北部石敢當熱是當今越南社會肉眼可見的宗教現象，有官方報紙甚至為其做了專門的報導。[4]石敢當可以成功地包裝成宗教商品，重新在越南宗教信仰的舞臺脫穎而出，背後一定存在著許多值得挖掘的原因。本節將主要探討石敢當實現其華麗轉身的多種因素。

　　首先，越南社會、經濟發展給了石敢當孕育、萌芽、再開花的熱土。20世紀末是越南經濟改革開放後贏得經濟快速增長的階段，提升了許多生活質量，城市人民的生活水準更是有了前所未有的改善。根據越南國會的官方報導，該階段全國人民人均收入比前階段增高，全國經濟、社會面貌煥然一新。[5]生活富裕了起來，民眾有「消費得起、買得起」的經濟基礎。

　　然而，經濟快速發展的附帶產品就是階段性的經濟下滑、金融危機、快速的生活節奏和現代社會的各種危機，一切就給現代人帶來前所未有的恐慌和危機。根據該時段的調查，當時越南人民最關心的課題就是「民生」和「社會保障」相關問題，包括社會公平、貧富差距、突如其來的疾病（像2003年的非典型肺炎）、醫療衛生條件、孩子教育、交通事故、天然災害、社會道德衰退、生活用品質量和衛生等問題。[6]一般人民要在快節奏的城市

---

[4] 參考Q.T.、TUẤN PHÙNG兩位記載在越南《青年報》上的報導，Q.T.、TUẤN PHÙNG：〈石符〉，網址：〈https://tuoitre.vn/bua-da-154331.htm〉，檢索日期：2022年12月27日。（Bùa đá）

[5] 參考越南社會主義共和國政府：〈2010年經濟社會報告〉，網址：〈https://chinhphu.vn/chinh-sach-thanh-tuu-68351/bao-cao-cua-chinh-phu-ve-tinh-hinh-kinh-te-xa-hoi-nam-2010-va-nhiem-vu-nam-2011-10061344〉，檢索日期：2023年2月3日（Chính phủ nước Cộng hoà xã hội chủ nghĩa Việt Nam: Báo cáo của Chính phủ về tình hình kinh tế, xã hội năm 2010 và nhiệm vụ năm 2011）和越南統計局：〈2010年第四季度和全年的經濟、社會報告〉，網址：〈https://www.gso.gov.vn/du-lieu-va-so-lieu-thong-ke/2019/04/tinh-hinh-kinh-te-xa-hoi-thang-12-va-nam-2010/〉，檢索日期：2023年2月3日。（Tổng cục thống kê: Báo cáo tình hình kinh tế – xã hội quý IV và năm 2010）

[6] 參考越南外交部：〈當今越南社會主義導向下市場經濟中的社會保障和社會公平〉，網址：〈https://mof.gov.vn/webcenter/portal/ttpltc/pages_r/l/chi-tiet-tin-ttpltc?dDocName=MO

中生活和工作，或生活在日益變化的農村，要面對賺錢養家的種種職場、家庭、社會壓力。與此同時，還要擔心充滿未知的健康疾病和外界的動亂和變化莫測。當時，越南政府也一直強調「一切確保社會保障，並改善人民生活條件」[7]。可以說，在經濟條件有所提升的同時，現代人要擔心的問題同樣也增加了，很多事情又無法按常理進行解釋或找到解決的方式，使得他們心理上產生了無形的害怕和緊張。儘管經濟繼續發展，但金融危機、房地產飆漲、世紀末的焦慮、再到對現實生活、社會改變的不滿和焦慮情緒的加持，更讓民眾興起回歸宗教、民間信仰的狂熱。

　　換句話說，宗教信仰也是經濟發展的附帶產物。其中，在物欲橫流和快速節奏的世界中，生活各方面的壓力越來越大。人民出於對現實生活、對生命的反省，同時也對生活的各種願望和慾望，使得民眾開始出現了宗教信仰也要「便捷、利己」的心態。而民間信仰以其親民、可解決具體需求、門檻低、神力強等特點，又能夠借用超自然的力量來解釋生活中無法解釋的事情，幫助人們在困惑、艱難的情況下冷靜下來接受現實，並快速撫平心中的不安，而不會受到太多道德、經濟或其他方面的挑戰。這些特點和功能是一般流行宗教無法滿足的特定功能。越南的風水師精準地看到了群眾的這種迷茫之中想尋求安穩的心理演變，從而使出了決定性的一招：擴大石敢當的實際功能，成功地為石敢當包裝成無所不能的神，通過承諾用其神祕的力量，來補償人們現實世界中的各種痛苦和問題。石敢當在這樣的大背景下挺身而出，在經濟基礎的同時，又找到了極為合適的心理基礎。

　　另外，從歷史的觀點來看，無論何時，不管何種經濟狀況，貧窮還是發展，越南人民對民間信仰一直都非常熱絡，從不間斷的。民間信仰因其所履行的功能，所以是普遍存在的。民眾對信仰的寄託與渴望並沒有改變，一直

FUCM089886〉，檢索日期：2023年2月3日。（An sinh xã hội và công bằng xã hội trong nền kinh tế thị trường định hướng xã hội chủ nghĩa ở Việt Nam hiện nay）

7　參考人民代表網：〈社會保障是首要任務〉，網址：〈https://daibieunhandan.vn/Kinh-te-phat-trien/uu-tien-truoc-het-cho-an-sinh-xa-hoi-i95144/〉，檢索日期：2023年2月3日。（Ưu tiên trước hết cho an sinh xã hội）

如此，近來甚至還有復興的跡象。[8]所以說，就受眾人民的層面來講，這一波的石敢當熱潮和過去的石敢當信仰，在本質上並無不同，仍以祈神保佑、消災避邪、祈求平安為主，只是信仰的形態、傳播過程、社會功能上發生了很大的改變。這剛好表明了石敢當等民間信仰有其自身的活力，不斷變化以反映越南社會和文化的變遷。這點也讓越南石敢當信仰的演變與東亞其他地區有所不同，體現了其內化和獨特之處。

再者，在這個石敢當市場化、商品化的過程當中，我們不能不提到背後的神祕助手，即風水師和各家風水產品專賣店的洞察力和精明的操縱手段。他們清醒地看到了越南經濟、社會、時代的變化，並瞄準了人民在現代生活中的各種壓力、困境和無助，以及他們面對如此快速、緊張的快節奏生活時的微弱、迷茫的心靈，在本來石敢當信仰的「舊酒」上進行挖掘和本質性的改造，再推出了可以解決民眾各種困擾、滿足他們靈魂空蕩的「新瓶」，讓石敢當被更多人所接受，變得了名副其實的大家都消費得起、接觸得到的商品。至於他們如何操作，我們會在下文有更詳細的分析。

同時，造成「石敢當熱」的另外一個非常重要的因素就是隔壁中國石敢當信仰市場的豐富多樣，這給越南國內市場提供了充足的產品來源和無窮無盡的啟發。在中國，石敢當是古老，且流傳深廣的民間信仰。而石敢當已經被列入首批國家級非物質文化遺產名錄，因此受到政府和各家單位、民眾的大力支持。在此基礎上，無論是其內涵、儀式、分布等都得到很好的研究和保存，各種各樣的石敢當文創產品也不斷推出。而這些包羅萬象訊息和產品，透過快速、便捷的互聯網絡，讓身在越南的風水師也可以很快速、很方便地瀏覽，了解中國石敢當市場的最新變化，並選擇最適合越南民眾口味的產品再進行進口銷售。從中國直接引進就是越南很多石敢當產品的來源。只要中國各電商上可以看到的產品，越南就可以（很快）擁有。換句話說，從中國引進的石敢當，來貨充沛，各種款式、材質、價格應有盡有，可謂給越

---

8 參考Michio Suenari：〈越南民間信仰的復興〉，《民間文化》，第55期，1996年，頁83；吳登盛：《越南信仰和信仰文化》（河內：河內出版社，2022年），頁220；黎如華：《越南民間信仰》（河內：文化通訊出版社，2001年），頁112。

南市場提供了一個現成、任你挑選的龐大產品庫。又托越中兩國邊貿之便捷，更是可以以快捷的速度、划算的價格而購入並交到民眾手中。筆者對各家風水店的訪問結果表明，目前擺飾在桌上和吊牌類的石敢當產品，大部分都是從中國直接引進的。如果顧客對某一種石敢當款式感興趣，產品又不會太大和太沉，風水師可以透過其網路三天到一個禮拜就可以「弄到手了」[9]。與此同時，中國石敢當文創產品的營銷、產品的設計等，也給了越南風水師很多可以學習借鑑的地方，讓他們在其基礎上推出更適合越南民眾口味的石敢當產品。從而可見，越南當代石敢當的熱潮，是深受中國當代石敢當信仰和市場運作的影響的。

　　那麼，為什麼會採用石敢當而不是透過其他民間信仰呢？根據訪談結果，筆者總結成以下幾個原因。首先，許多風水師說，石敢當在越南已經有很久的歷史了，其很早就在越南北部各地廣為流傳，其中越南前輩上世紀就在河內地標還劍湖旁建了石敢當碑，其歷史之久遠，地點之重要，讓人儘管不懂，但無不心生景仰，這就給了他們一個非常合理且說服力十足的歷史根據和解釋。其二，一般民眾不清楚石敢當的來源和事蹟，這給風水師提供了自由發揮的熱土，使得民眾相信風水師的詮釋。其三，石敢當材質大多是各種石頭或磚瓦，從中國引進非常方便，要在越南當地生產也相當簡單，容易取得，價格又親民合理。其四，受到中國石敢當成熟市場和越中貿易便利的極大福利。再者，一名風水產品專賣店的工作人員還語重心長地告訴我們，找來他們店裡的客人本來就心有所求，對神佛更是敬仰有加，也深信算命卜卦，一般又都不懂華語，所以聽說「這塊充滿神力的石頭很久很久以前是從中國過來的，在中國威力很大，中國人大多相信神明，這點眾所周知，且他們又有那麼悠久的歷史，石敢當既然在中國那邊那麼受歡迎，一定也可以保佑客人和客人的家人。」[10]越南民眾在不知、微懂、又看到有漢字等外來因素的情況下，就越感到萬分景仰，也就更容易地被抓住了精神和靈魂弱點，

9　根據筆者對甲風水師的採訪結果。
10　本研究訪談內容。

從而被成功地引導並站進了石敢當信仰的隊伍裡。

簡而言之，經濟發展成就了越南宗教市場。而風水師剛好覺察到了社會的改變以及民眾心理的各種需求、壓力和微弱，越南又擁有得天獨厚的隔壁現成石敢當產品庫。可以說，越南石敢當信仰集眾多有利條件於一身，讓風水師有機可圖，及時推出了石敢當的精神商品，讓其成為既可以平衡民眾精神、靈魂的空缺，又是他們都可以接觸得到、消費得起的宗教商品。

四　費盡心思：風水師「捧紅」石敢當產品的操作模式

上文已經梳理了石敢當如何匯集各種天時、地利、人和的條件而實現了一場華麗的翻身。而「人」的要素，除了廣大的受眾群體，我們不能不提到極為重要的推手，即風水師及其背後的風水店。而且可以肯定地說，如果沒有風水師們高超的「捧紅」手段和運作模式，那麼石敢當是很難完成它的轉身的。

觀察石敢當商品化過程，我們不難發現風水師很好地運用並印證了塔克（Stark）和班布里奇（Bainbridge）宗教市場理論、理性選擇理論以及涂爾幹（Durkheim）功能主義理論。[11]儘管話要說回來，他們可能從不聽說過這幾種「催生指南」，但還是無形中將其完美地落實了。越南風水師認為，石敢當信仰的運作方式與經濟市場的運作是一樣的。他們清楚認識到越南宗教是多元的，它會給人們提供很多種選擇；那麼石敢當信仰就像商場上某企業爭奪消費者一樣，要擁有特別的地方才能從這場爭奪戰中挺身而出，吸引消費者的眼球和需求。同時，他們也將一般民眾（或潛在客戶），用塔克和班布里奇的話來講，視為「理性行為者」（rational actors）。也就是說，民眾可以在多元的宗教市場中進行挑選，做出他們認為是最好、最適合他們的選擇，包

---

11 參考Rodney Stark, William Sims Bainbridge: *The Future of Religion: Secularization, Revival and Cult Formation* (California: University of California Press, 2023).

括計算其成本和收益,[12]而風水師的這種判斷,無疑是合乎時宜且有根據的。如上面所分析,在這次「石敢當商品化」計劃案實行之前,他們清醒地覺察到了關鍵性的幾點:夠大的市場(越南民眾對民間／宗教信仰的熱絡)、宗教信仰是普遍存在的(涂爾幹和的功能理論)、充足的貨源(中國石敢當市場和有利的運輸條件)等等內外條件。那麼這場嘗試勝算可謂很大。

確定了「將石敢當包裝成為一個宗教商品」的目標之後,風水師就特別營造一個宗教產品同時要具備的兩個條件,分別是其商品的性質和宗教的性質。同時,為了實現商品可以長期獲利的效果,風水師也提出了豐富產品種類、多元化廣告、銷售渠道等策略。整個過程,可謂非常清晰和具有膽量的。而事實證明,他們的確是成功的宗教商品策劃者和推銷員。所以,這部分我們將具體進行探討風水師「捧紅」石敢當產品的各種模式和手段。

(一)抓住受眾群體的心理需求,從而有意擴大石敢當的功能

既然已確定要成為一個「宗教產品」,那麼石敢當要擁有一般商品要有的特質,包括有用性和具備一定的價值,讓消費者願意為其付出一定的代價或資源進行購買。對於宗教商品而言,其最重要的價值不外乎能滿足民眾／消費者的某種特定需求和功能。風水師根據越南新時代經濟、社會、文化的情況和受眾心理的複雜變化,精心地給石敢當增加了很多前所未有的功能,從而贏得新一代民眾／消費者的眼球。

以上已經梳理石敢當在越南如何被擴大其實際功能,這裡不再贅述。我們不難看出,裡面有非常多新奇的功效,比如防小人、防上司欺負、防第三者、防老公外遇、求身體健康、除百病、求子等等。可見,石敢當已被包裝成可以滿足現代人所有想得到的需求和顧慮。同時,為了迎合現代人簡捷、快節奏的生活習慣,石敢當的材質、尺寸、擺放位置等等,無不圍繞著客戶

---

12 參考Rodney Stark, William Sims Bainbridge: *The Future of Religion: Secularization, Revival and Cult Formation* (California: University of California Press, 2023).

的需求而做出自身的調整。可見，石敢當信仰往宗教商品方向發展，體現了其超強的便利性和功利性。市場上有了這麼一個親民、體貼，又充滿神效的產品，讓民眾／消費者不僅相信，而且還恭恭敬敬地、願意地掏出了腰包將其買回家中。

越南地理師、風水師就這樣清醒地掌握宗教的普遍功能，且敏銳地使用「擴大功能」手段，使得石敢當的商品特質變得極為明顯和充滿吸引力。石敢當就像在市場上流通的一般產品一樣，擁有其功能性、可交換性、可標價和所有權。但是也正因為如此，石敢當也有可能被其他宗教商品所取代，所以下面我們會深入討論風水師／風水店如何經營、開發、營銷該產品，並如何去開發更多的客源等相關問題。

（二）加強石敢當的神祕性和宗教玄學色彩

如上文所說，風水師已經成功推出新一代的石敢當產品，然而，如何可以讓原有的群眾保持相信，又如何可以吸引更多的民眾參與此次的熱潮呢？這就觸碰到了風水師如何加強該產品的宗教性質、如何保持其熱度，並找出潛力信徒、潛力客人的能力。而他們所使用的手段之一就是增強石敢當的神祕性、加強其宗教玄學色彩以綁住信徒的信任。

一個宗教產品的宗教性質是極為重要的，可以決定其是否能吸引並留住信眾，並決定該產品的生命週期。為了彰顯石敢當產品的宗教性質和表達，越南風水師主要透過理論和實踐兩種形式來加強。理論方面，風水師努力從中國、越南等傳統敘事中搜尋，並重述石敢當的相關神話和傳說。實踐方面則是注重凸顯石敢當在崇拜、儀式、祈禱等實踐中的表達。而在這個過程，我們可以很明顯地看到越南風水師的「主動性」和「創造能力」。

1 神祕莫測的宗教敘事

首先，為了讓一個已經不再熟悉的民間信仰重新流行起來，風水師／店主就開始重新詮釋其充滿神話、玄學色彩的傳說，藉此給受眾傳輸石敢當的

知識，以帶領他們開始其宗教經驗。我們可以在不同專賣店網站上看到他們是這樣講述石敢當的來源的：「石敢當在1044年於中國莆田市被發現，上面刻有『泰山石敢當；鎮百鬼，壓災殃。官吏福，百姓康；風教盛，禮樂昌；護弟子家庭福綿長』等字樣」。風水師還說道，「因為在中國，泰山有非常崇高的地位，連漢武帝也曾在泰山取石帶回宮中驅邪，所以人民深信，連皇帝都相信並使用泰山石敢當來保護家國，那麼也一定能保護他們」[13]。當然，這些都是風水師／店主從中國參考過來的說法。他們參考了很多資料，最後選擇保留了兩個重要的細節，分別是遙遠的漢武帝時代和有明確時間、地點的1044年中國莆田的故事，而選擇性地忽略了比漢代還要晚的唐代傳說。這種敘述絕不是偶然的。「漢武帝」情結代表了此習俗有著非常悠久的歷史，而「1044年、中國莆田」則代表了此種習俗還正在中國繁衍不息的證據。這兩者結合，時間上之久遠，地理分布上之廣大，且是從皇帝到一般老百姓的共同信仰，這便給群眾留下一種遠而生畏而可信度又十足的印象。中國天大地大，又是風水文化之發源地，對越南民眾來說，龐大的中國人都信以為真，那麼他們又何嘗不能呢？可以說，透過地理師精心、有意挑選的傳說和敘述，表面上是給信眾一個「主動、自覺」的認識和理解，但其實那是一個「無形中、毫無察覺」的被牽著走的的宗教體驗過程。

同時，風水師還非常精準地利用可以左右越南民眾心理的「泰山」情結。上面提過，從目前市場上的產品來看，直接寫「泰山石敢當」數量最多，寫著「石敢當」的數量很少。特別是，從筆者的觀察來看，越南當地生產的產品都刻有「泰山」兩字（參見圖3）。根據採訪，其原因是，在越南人的心目中，「泰山」有非常深刻的象徵意義。越南有句俗話說，「父恩重如泰山，母愛清澈如清泉」（Công cha như núi Thái Sơn, nghĩa mẹ như nước trong nguồn chảy ra）。這句話在越南可謂南無人不知，沒人不曉。「泰山」就是磊落奇偉、

---

[13] 參考Gaia風水店：〈黃龍石泰山石敢當〉，網址：〈https://phongthuygaia.com/bia-da-thai-son-thach-cam-duong-da-hoang-long/?v=e14da64a5617〉，檢索日期：2023年2月3日和Th風水店：〈黃龍玉石泰山石敢當〉，網址：〈https://daphongthuyth.com/san-pham/thai-son-thach-cam-duong-da-ngoc-hoang-long/〉，檢索日期：2023年2月3日。

勞苦功高、雄偉壯觀的代名詞。因此，儘管一般民眾可能一開始不知道「泰山」所指的是遠在中國的泰山，也不曉得泰山對中國人的意義，但是他們清楚泰山在越南所代表的含義。所以風水店只要加上此兩字，就可以輕輕鬆鬆地給民眾帶來一種可靠、穩重、被保護的溫暖感覺。

圖3　越南本地生產的泰山石敢當（圖片來源：風水店提供）

　　當已經初步獲得了民眾／消費者的信任，為了淡化石敢當可能會給一部分民眾帶來的外來感、陌生感，風水師／店主又繼續敘述石敢當在越南同樣擁有長久歷史和影響（如以上所說的還劍湖畔一座），再為石敢當的古老與神祕感加上了濃濃的一筆。石敢當，無論是在影響範圍還是時間都是如此之大和深遠。這種敘述和表達方式，打破了群眾對一種外來信仰可能有的顧慮，冥冥之中讓他們感到更加親近和熟悉。結果他們對石敢當的信任更是堅信不移。在此基礎上，風水師才可以編造出各種各樣神通廣大的功能來吸引眾多信徒。

　　可見風水師／店主敏銳、清醒地抓住了很多傳奇細節，還利用了充滿神奇色彩的「中國風水」情結、越南人的「泰山」情結和越南人尚古、好古的特質，加上故事發生時間之久遠、又是中國歷代人民的信仰加持，讓越南民眾不知不覺中產生了一種神祕、趨之若鶩之感，慢慢的就深以為然並走進了石敢當的宗教經驗之路了。

2 精心設計的儀式展演

不僅如此,為了加強民眾參與這種復興民間信仰的宗教體驗,增強其宗教色彩、儀式感和歸屬感,風水師還編出一個完整的開光儀式。這種象徵性行為,在筆者看來,是風水師在有意給受眾「展演」出來的。根據筆者目前得到的調查結果,其開光儀式大致來講是一系列涉及石敢當、語言(咒語)、動作和供品的綜合活動。細節和其繁簡程度會因風水師/風水店和信眾的經濟狀況而有所不同。一位風水師告訴我們,「我們會視情況而行。如果客戶請回家的石敢當比較大,價格較貴,信眾給(風水師)的功德錢比較多,那麼整體儀式時間、動作、所念的咒語也會長和複雜一些。」[14]開光儀式一般是農曆初一或十五日,或者是比較適合信眾本命的黃道吉日。根據風水師的詮釋,儀式功能有二,第一是正式請石敢當之神附身實體「石敢當」,以啟動其保護功能;第二是將信眾正式引薦給神明,將其從「俗」的世界走進「神」的世界,以確保信主受到神的保護。儀式程序方面,簡單來講就是客戶決定請石敢當回家——風水師到訪客人住宅,了解客人的實際需求,從而決定適合的石敢當及其擺放位置和建置黃日——黃日那天,風水師取石敢當過來,放在乾淨且乾燥的地方9個小時——之後再備齊供品,進行開光點眼儀式——開光儀式開始。開光典禮要準備的供品和專用咒語等等通通都有。[15]整個過程一氣呵成,而「9」這個數字在越南人看來有長久之意,加上一套一套的供品和咒語讓群眾產生了一種無形的敬畏感和神聖感,而民眾也一步步薰陶出深厚的宗教感情。在宗教儀式上,通過地理師在神靈面前進行傾訴、唸咒語和動作上的展演,將信眾內心的害怕、焦慮、委屈、請求等表達出來。而咒語更採用漢喃字,唸起來可以增加儀式的莊嚴氣氛,有幾分高深莫測、神祕難懂,恰恰加強了石敢當的神祕和宗教玄學色彩。

對於心有所求和對信仰極為虔誠的信眾來講,即便是簡單的儀式也是非

---

14 根據筆者對風水師的訪談結果。
15 參考阮黃燕:〈簡論越南石敢當信仰〉,《泰山學院學報》,第37卷第5期,2015年12月,頁24。

常神聖和有效的。從開始參與石敢當開光儀式開始，信眾幾乎就被帶進了一個神聖、超越平凡的空間，讓信眾可以暫時遠離世俗的擔憂並在石敢當之神面前完成「報到手續」，讓神認識這個「需要保護和解救」的人。在風水師一系列象徵性的的動作和咒語之下，加上9個小時的等待時間，信眾和石敢當神之間的聯繫越來越緊密。信眾透過積極參與儀式，在無形中加深與石敢當的關係，從而促進他們的宗教和精神體驗。信徒確信，透過作為傳遞者的風水師，石敢當的開光儀式可為他們提供了一個通往神靈、表達信仰和需求和對石敢當神承諾的具體方式。這樣石敢當之神會聽到、會理解並幫助他們。這樣的開光儀式，讓信眾從不太平衡的心態上調節到比較平衡的狀態，讓他們有一種我已經向石敢當之神祈求過了，那麼一切都在自己的掌控之中、一切都可以化解的感覺。

就這樣，在各種超心理學和神乎其神的說法和儀式的攻勢之下，民眾／消費者趨之若鶩。而石敢當的宗教表達和開光儀式的神祕色彩正是吸引信徒強而有力的因素。

與此同時，如同一位學者曾經提過，絕大多數人的價值判斷與行為，是非常主觀且容易受到他人行為所影響的，[16]這一點在宗教信仰方面更為普遍和正確。因為當人在心理方面有所追求，或遇到困難而無法擺脫或解釋時，脆弱的時候自然而然就嚮往宗教和神明的力量，尋求宗教的慰濟和神明的協助。當時，如果有親朋好友跟他介紹石敢當，一種擁有強大功能的宗教物品，而且價格又合理，那麼他是很容易受其影響，並可能成為石敢當的信徒之一的。

總之，在越南風水師／地理師的能說會道和瞄準顧客心理的運作之下，石敢當被注以強烈的神祕性和宗教玄學色彩，從而成就了石敢當的美麗翻身，一度成為風水店中的熱門產品。

---

16 參考古斯塔夫・勒龐著，劉君狄譯，《烏合之眾：大眾心理研究》（北京：中國法制出版社，2015年）和〔美〕約翰・華生：《人類行為心理學》（吉林：吉林出版集團股份有限公司，2019年），頁19。

（三）靈活的行銷、廣告策略和模式：產品多樣化、渠道多元化

　　石敢當一旦成為商品，那麼其營銷目的就是獲利。因此，風水師／風水店就以民眾的心理需求／消費者的需求為考量，推出了針對性的產品和推銷計劃。他們透過多元化的產品、各種各樣的宣傳形式和多渠道的銷售形式來刺激並吸引了民眾／消費者購買。

　　現代的信徒／消費者有非常明顯的特點，就是他們有各種各樣的顧慮和壓力。所以他們既敬仰神明，想尋求他們的庇護，又追求量身定制、快速、便捷、無負擔的宗教產品。風水師牢牢抓住了這一點，因此給市場提供了眾多樣式、材質、尺寸、價位的石敢當產品，儘量符合信眾的所有心理要求和擺放、價格的考量。綜觀石敢當產品市場，樣式多樣自不用說，連上面所刻的字跡顏色是黃是白是紅也都可以調整。石敢當價格也高低不同，最便宜的是二十幾萬越南盾，可謂非常親民，最高就沒有上限了。由此可見，只要民眾／消費者對石敢當有任何要求和顧慮，風水師均可以提供可以滿足信徒所需的產品。擁有這麼充足且豐富多樣的產品，讓他們有足夠的底氣可以接觸到並挖掘多種客源，從而實現盈利的目的。

　　與此同時，走進了經濟快速發展的大科技時代，風水師／風水店也要推出迎合時代需求、符合顧客消費習慣和口味的營銷方式。最傳統的方式就是在風水店的實體店面擺設，便於顧客前來親眼看到不同規格、價位的石敢當，利於顧客可以在最短的時間內找到最適合自己需求的產品。同時，為了迎合現代人接觸、取得訊息的習慣，風水師／風水店也將石敢當產品搬到各種社交媒體上，包括臉書、YouTube等，與傳統模式一起，雙管齊下力推石敢當的曝光率。他們通常選擇適於擺放、價格親民的輕巧石敢當產品，並製作了介紹其尺寸、功能、擺放位置等的短視頻。這樣可以讓民眾／消費者了解產品的基本資料，給顧客帶來了一個提供信息透明、清楚準確的店家。除了介紹產品本身，店商還製作各種短視頻，介紹石敢當的來源和功能。這樣一來，既可以宣傳自己風水店的品牌，又建立了一家體貼、方便、現代化的商家形象，從而加強了顧客對產品的信任和對商店的好感。臉書和YouTube

是越南民眾，特別是市民和年輕一代使用最多的社交平臺，[17]臉書上還有即時互動功能，讓顧客可以以最快、最熟悉的方式跟商店聊天，以了解產品的相關情況。而臉書的分享功能，更能讓顧客只要透過簡單的操作就可以將產品連結分享給自己的親朋好友，實現了店家將原有顧客變成了推銷人的目的，從而將產品和服務介紹給更多潛力的信徒和顧客。

除此之外，地理師、風水店也跟上了時代的步伐，即時將石敢當產品透過多渠道的方式賣給民眾／消費者，包括實體店、臉書、店家主頁，甚至還有各種電商平臺。傳統店面和臉書的銷售方式上面已經有所提及，在此不再贅述。瀏覽越南四大電商，包括Tiki、Lazada、Shopee、Sendo等，顧客都可以看到密密麻麻的各種各樣石敢當產品，可謂應有盡有（參考圖4）。電商的銷售通路有快速便捷、操作簡單、標價清楚、可以接觸到全國的顧客等優勢，店家只需要一次性附上產品照片和介紹文，還可以透過電商的聊天功能即時跟顧客溝通，解答顧客的相關疑問，最後還能以最快的速度將產品寄到顧客的手裡，可謂方便至極。

可以說，風水師／風水店敏銳地覺察出顧客的心理特點和消費習慣，從而推出適合當代人口味的宣傳和銷售模式，用現代的科技和方法來提高石敢當的產品曝光率、增加其受關注度，從而有效地推銷石敢當產品。正因為這樣成功、合適的宣傳、銷售策略，而石敢當可以在越南北部引起了不小的風潮。

---

17 參考越南網路網報的報告結果，越南網絡網報：《2023年越南因特網報告：數據和趨勢》，網址：〈https://www.vnetwork.vn/vi/news/internet-viet-nam-2023-so-lieu-moi-nhat-va-xu-huong-phat-trien〉，檢索日期2023年5月30日。

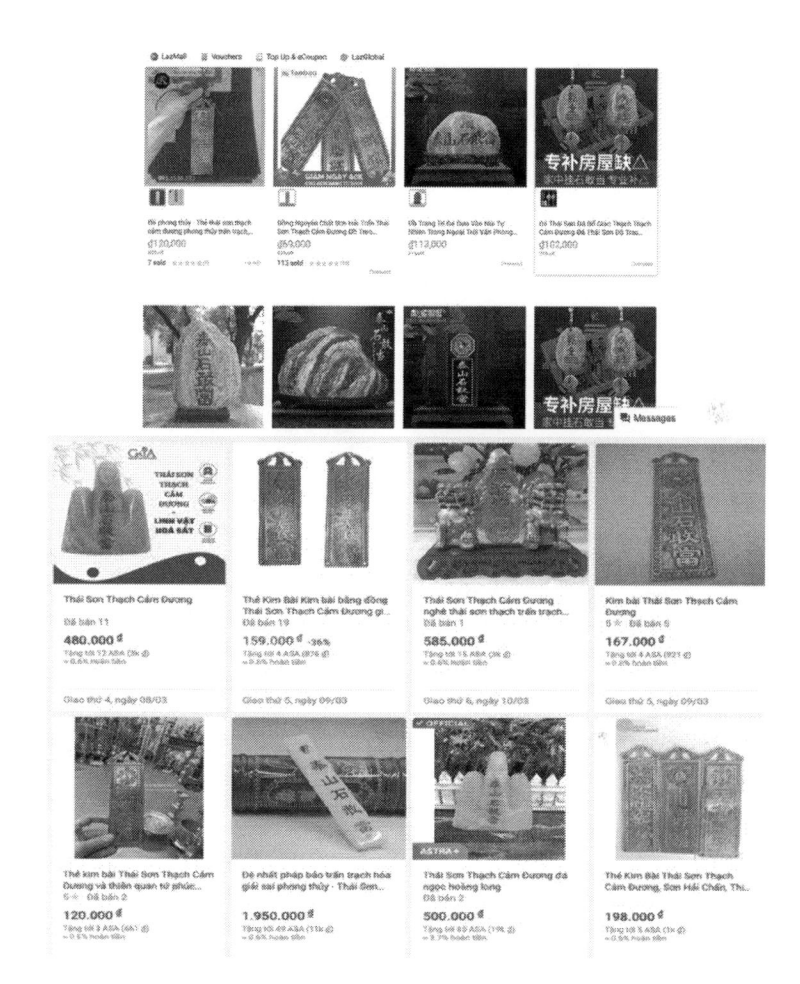

圖4　越南Lazada、Tiki店商上的石敢當產品

（四）石敢當商品化、市場化的優缺點和危機

　　越南北部石敢當信仰經過了商品化、市場化的世俗化洗禮，其過程本身自帶優缺點，茲簡單分析如下。

　　就其優點而言，石敢當自從走上市場化之後，它就變成更加普遍和流行了。一度消失在民眾眼簾的石敢當信仰，經過時代性的量身訂製和包裝過程

成為宗教產品／商品，就呈現了規格化量產和大眾化價格的局勢，讓人人可以看得到、聽得見、買得起，所以石敢當文化和石敢當產品就變得更加普及和流行。

越南石敢當商品化，從另外一個角度來講，表現了越南石敢當文化的本土性和內化過程。為了在現代越南成功販售和流傳，石敢當就要添上更多的社會、宗教功能。除了引進中國石敢當產品，越南國內的風水師／風水店也將本土設計的石敢當產品推出，結合符合現代人的行銷方式和渠道，吸引更多民眾／消費者進行購買。這種功能上的加持和本土化的產品生產和行銷，促成了石敢當信仰的越南在地化過程。

與此同時，石敢當商品化過程也存在著明顯的缺點。作為一種信仰，其價值化、商品化使得石敢當信仰失去了其神聖的內涵。如同其他信仰一樣，石敢當的核心價值在於神、神力和保佑人民。但是現在的石敢當是以人為中心，更準確的說是以消費者的需求以及商家的利潤考量為基礎。而當風水師／風水店為了石敢當產品可以賣出去而增加其功能時，石敢當所必須具備的神聖性也因此被淡掉、被妥協掉了，石敢當信仰也因此明顯走進了世俗化的道路。

石敢當信仰走向世俗化，隨之帶來了不少危機。從信徒的角度而言，石敢當商品化後，透過各種手段的行銷，信仰變成了消費品，而信徒也自然就變成了消費者。而石敢當信仰成為市場的一項商品後，其失去了神聖性和教化性，因此沒有人會再因信仰而堅持了，它很有可能會像其他產品一樣，某天消費者覺得不合適就被替換。另外，石敢當產品經常在臉書、YouTube上出現，以提高其在社會上的能見度和普及度。此時，廣告、行銷、文案等變成石敢當產品能否被民眾／消費者接受的關鍵，在廣告、文案內容上會出現許多訊息不正確、庸俗化的爭議。更嚴重的是，為了迎合消費者的需求，石敢當商品還被冠上通俗、淺顯的內涵（如防小三、防小人等功能），或立即生效、馬上可以得到保護等廣告詞作為吸引、刺激消費的方式，這樣石敢當信仰就面臨被扭曲、被通俗化的危機。

五 結語

　　石敢當自中國傳入越南的歷史非常悠久，其代表人民對平安、幸福生活的渴望。這剛好與越南人民的內心願望產生共鳴，因此就被當地人民所接受，所以過去在越南大江南北各地均可找到大大小小的石敢當碑。中間曾經一度淡去老百姓視野的石敢當，到了20世紀末、21世紀初，竟然轟然出現了越南北部「石敢當熱」的浪潮。這波熱潮其實就是越南石敢當信仰走向世俗化、商品化的過程，而其背後的推動者就是越南的地理師和風水店。在這場世俗化中，我們看到了以風水師為代表的個人／團體經濟利益與石敢當神力、教化的博弈及其結果。石敢當的流行和市場化就如一刀的兩刃，讓石敢當信仰在越南民眾更為普及和流行，但同時也呈現了去神聖性、教化性的缺點，並讓其信仰面臨了許多致命的危機。

　　然而，話要說回來，無獨有偶，商品化量販的宗教和世俗化其實是全球宗教的公相，[18]越南的石敢當信仰只是這股潮流當中的一個例子。宗教學家曾在其書中指出，全球宗教已淪為一種消費項目，以及個人風格的裝飾品，這些精神信仰的購買者從各式各樣包裝的信仰產品中，選擇合乎自己品味的宗教。[19]面對這樣的普遍且不可避免的現象，我們應該以平常心和更理智、更開放的胸襟去看待被商品化的石敢當信仰的過程，了解其運作方式和優缺點。在此基礎上，透過宣傳、研究的方式幫助群眾可以真正地了解石敢當信仰的本質和內涵。

　　最後，石敢當信仰在越南當代生活中的最新衍化，是該信仰在越南本土化、內化的過程。而這種轉化，剛好反映了越南在中國、韓國、日本、琉球、臺灣等曾經深受中國文化影響的東亞各國中如何發展出自己的文化，因此值得我們加以重視並繼續進行深入的研究。

---

[18] 參考Rodney Stark, William Sims Bainbridge, *The Future of Religion: Secularization, Revival and Cult Formation* (California: University of California Press, First edition, 1986), pp.23.

[19] 參考Vincent P. Pecora, *Secularization and Cultural Criticism: Religion, Nation, and Modernity (Religion and Postmodernism)* (Chicago: University of Chicago Press, 2006), pp.40.

參考文獻

一　專書

吳登盛：《越南信仰和信仰文化》，河內：河內出版社，2022年（Ngô Đức Thịnh, *Tín ngưỡng và văn hoá tín ngưỡng ở Việt Nam* ,Hà Nội: Nxb Hà Nội, 2022）

黎如華：《越南民間信仰》，河內：文化通訊出版社，2001年（Lê Nhu Hoa, *Tín ngưỡng dân gian Việt Nam* ,Hà Nội: Nhà xuất bản Văn hóa thông tin, 2001）

Rodney Stark, William Sims Bainbridge, *The Future of Religion: Secularization, Revival and Cult Formation*, California: University of California Press, First edition, 1986 and 2023.

Vincent P. Pecora, *Secularization and Cultural Criticism: Religion, Nation, and Modernity (Religion and Postmodernism)*, Chicago: University of Chicago Press, 2006.

二　譯著

古斯塔夫・勒龐著（Gustave Le Bon）著，劉君狄譯：《烏合之眾：大眾心理研究》，北京：中國法制出版社，2015年。

約翰・華生（John Broadus Watson）：《人類行為心理學》，吉林：吉林出版集團股份有限公司，2019年。

三　期刊論文

阮黃燕：〈簡論越南石敢當信仰〉，《泰山學院學報》，第37卷第5期，2015年12月，頁21-24。

Michio Suenari：〈越南民間信仰的復興〉，《民間文化》第55期，1996年，頁82-85。（Michio Suenari, "Sự phục hưng của tín ngưỡng dân gian Việt Nam" (trích yếu), *Văn hóa dân gian số* 55, 1996, tr. 82-85.）

四　研討會論文集

阮黃燕：〈延伸與沒落：論越南石敢當信仰的現代轉化〉，「第五屆臺越人文比較研究國際研討會」，臺南：國立成功大學，2022年11月19-20日。

五　網絡資料

Gaia風水店：〈黃龍石泰山石敢當〉，網址：〈https://phongthuygaia.com/bia-da-thai-son-thach-cam-duong-da-hoang-long/?v=e14da64a5617〉，檢索日期：2023年2月3日。

Q.T.、TUẤN PHÙNG：〈石符〉，網址：〈https://tuoitre.vn/bua-da-154331.htm〉，檢索日期：2022年12月27日。（Bùa đá）

水和風水店：〈黃龍玉石泰山石敢當〉，網址：〈https://daphongthuyth.com/san-pham/thai-son-thach-cam-duong-da-ngoc-hoang-long/〉，檢索日期：2023年2月3日。

人民代表網：〈社會保障是首要任務〉，網址：〈https://daibieunhandan.vn/Kinh-te-phat-trien/uu-tien-truoc-het-cho-an-sinh-xa-hoi-i95144/〉，檢索日期：2023年2月3日。（Ưu tiên trước hết cho an sinh xã hội）

越南外交部：〈當今越南社會主義導向下市場經濟中的社會保障和社會公平〉，網址：〈https://mof.gov.vn/webcenter/portal/ttpltc/pages_r/l/chi-tiet-tin-ttpltc?dDocName=MOFUCM089886〉，檢索日期：2023年2月3日。（An sinh xã hội và công bằng xã hội trong nền kinh tế thị trường định hướng xã hội chủ nghĩa ở Việt Nam hiện nay）

越南社會主義共和國政府：〈2010年經濟社會報告〉，網址：〈https://chinhphu.

vn/chinh-sach-thanh-tuu-68351/bao-cao-cua-chinh-phu-ve-tinh-hinh-kinh-te-xa-hoi-nam-2010-va-nhiem-vu-nam-2011-10061344〉，檢索日期：2023年2月3日。（Chính phủ nước Cộng hoà xã hội chủ nghĩa Việt Nam: Báo cáo của Chính phủ về tình hình kinh tế, xã hội năm 2010 và nhiệm vụ năm 2011）

越南統計局：〈2010年第四季度和全年的經濟、社會報告〉，網址：〈https://www.gso.gov.vn/du-lieu-va-so-lieu-thong-ke/2019/04/tinh-hinh-kinh-te-xa-hoi-thang-12-va-nam-2010/〉，檢索日期：2023年2月3日。（Tổng cục thống kê: Báo cáo tình hình kinh tế – xã hội quý IV và năm 2010）

越南網絡網報：《2023年越南因特網報告：數據和趨勢》，網址：〈https://www.vnetwork.vn/vi/news/internet-viet-nam-2023-so-lieu-moi-nhat-va-xu-huong-phat-trien〉，檢索日期：2023年5月30日。

緬甸華人的鄉愁記憶和
民間信仰文化空間

——以緬甸岱枝和泉州馬甲鎮洋坑村
兩地康濟廟為案例

杜 溫[*]

摘 要

　　中華文化源於鄉村。鄉村作為一種文化與社會形態特有的價值與意義，鄉村在整個中國人心中寄託歷史的記憶，家國情懷和個人感情。由於民間信仰可充當介入鄉村美好的姿態，鄉村的傳統記憶和民間信仰文化是不容忽視的。東南亞華人的族群文化源自中國鄉村的草民文化，可是在與移入地的當地文化互動中演變為一個多元文化的源流。緬甸屬於陸地東南亞國家之一。就早期華族先民來說，他們通過滇緬陸路和緬南海路移民緬甸，根據雲南、廣東和福建不同方言族群大致呈現了中國西南雲南邊境文化、南洋土生華人文化和中國南方閩粵沿海一帶的鄉村文化等多元文化內涵。

　　本文擬從華族民間信仰文化切入，以緬甸岱枝和泉州市洛江區馬甲鎮洋坑村兩地的康濟廟為案例，討論旅緬福建籍吳氏鄉親及其後裔包括海外離散華裔的鄉愁記憶與民間信仰文化空間。

關鍵詞：緬甸華人、鄉愁記憶、康濟廟、文化空間

---

[*] 緬甸獨立研究員。

一　前言

　　中華文化源於鄉村，鄉村作為一種文化與社會形態特有的價值與意義，鄉村在整個中國人心中寄託歷史的記憶、家國情懷和個人感情。由於民間信仰可充當介入鄉村美好的姿態，鄉村的傳統記憶和民間信仰文化是不容忽視的。東南亞華人的族群文化源自中國鄉村的草民文化，可是在與移入地的當地文化互動中演變為一個多元文化的源流。緬甸屬於東南亞陸地國之一，就早期華族移民來說，他們來自滇緬陸路和緬南海路，其華族文化則不同於其他東南亞國家的華人文化，其文化根據不同方言群大致呈現了中國西南雲南邊境文化、南洋土生華人文化和中國南方閩粵沿海一帶的鄉村文化。

　　本文所指的緬甸華人是從中國南方閩南泉州移民的吳氏華僑與其後裔包括華緬混血後裔。由於不同時代的政治背景下，他們調適環境變化，加上與當地他族混居通婚，使緬華社會呈現出多元文化交融。筆者通過實地考察，發現從民間信仰視角窺視緬甸華人對此類文化實踐更為貼近實際生活。本文擬從民間信仰文化切入，以緬甸和泉州市洛江區馬甲鎮洋坑村兩地的康濟廟為案例，討論緬甸福建籍華族包括當地和海外離散華裔的鄉愁記憶與民間信仰文化空間。

二　緬甸華人吳氏的鄉愁記憶

（一）吳氏早期移民緬甸

　　據《延陵吳氏錦霞族譜》記載，早期的霞井是個「地尚多而糧有餘可聚眾萬家而且無憂」的山村，但在清末，由於軍閥混戰，匪患成災，民不聊生，社會又不安寧，給霞井村民帶來災難導致背井離鄉，幾乎全村50%的村民出國移居海外謀生。在清代泉州洛江區馬甲鎮的《延陵錦霞吳氏族譜》中記載該族人出國到緬甸華僑449人，其中馬甲鎮霞井吳氏村民有18人，出國後沒有再回國。1912年至1949年間出國到緬甸的有300多位吳氏村民。1926

年高匪對晉北（現為洛江區）馬甲鎮霞井鄉進行多次殺燒洗劫，無辜村民被綁走上百人，因匪患而逃往緬甸謀生的村民有164人。

（二）旅緬吳氏鄉親代表人物

吳家楓（1866-1942），第一代移民。1866年出生於泉州市洛江區馬甲鎮霞井的一個偏僻小山村——石皮壠自然村，1942年辭世緬甸。20歲（1886）南渡緬甸，在仰光市郊敏納鎮一家印度人開的碾米廠當苦力，並娶緬甸女姓為妻。他事業有成時，除經常匯款贍養父母外，還親自攜款返回家鄉在金雞溪畔建優雅別致的宮殿式大厝和兩側護厝，其建築風格霞井乃至晉北首屈一指（1958年修建水庫時被淹而拆除）。1912年在仰光唐人區23條街租木屋一座，發起創立吳氏宗親組織仰光延陵堂（後來發展成延陵聯合會）1912年至1937年間，延陵堂接待和安置家鄉來的「新客」410多人。

吳善仰（1908-1984），緬名U Maung Yone，第一代移民。1908年出生泉州市洛江區馬甲鎮霞井山邊村（今仰恩大學所在地），13歲（1921）南渡緬甸，在舊火車路運乃昌小鎮的叔父吳甘棠商店裡學做生意。後來，返回家鄉與杜恩治完婚，婚後返回緬甸，獨立經商。1941年第二次世界大戰爆發，緬甸淪陷。他帶著家人與親戚經滇緬公路返回家鄉。1945年日本投降，1946年在聯合國救濟總署的安排下，又回緬甸，經營土產生意。在澳降鎮，他積極捐款支持華僑學校、建德分社和康濟廟。1964年商店被國有化後，移居仰光。他曾擔任吳氏延陵聯合會副理事長和出任仰光慶福宮信託部代表。在澳降鎮的公益事業，他捐助當地修橋修路掘井和興建兒童醫院，為此，1986年1月4日緬甸獨立節之際緬甸政府授予「慈善家」榮譽稱號，同時受到岱枝鎮政府的獎勵。吳善仰之父吳祥賢是鄉中長老，經常替鄉親排難解憂，受到鄉人的尊重。1979年他與夫人回鄉省親，看到家鄉仍然是一個耕地十分稀少的貧窮落後的山區，心裡很難過，並告訴在香港的次子吳慶星，要他回家鄉興辦教育，擺脫貧困。

吳慶星（1935-2005），第二代已故緬甸華裔，吳善仰次子。1935年出生

於緬甸仰光近郊的澳降（奧剛）鎮，1941-1945年間日寇佔領緬甸時，他跟隨父母回祖籍家鄉馬甲鎮霞井山邊村暫居。日本投降後他們一家人又回緬甸澳降鎮生活。在澳降，小學畢業後到仰光就讀南洋中學（1948年5月創辦的華僑學校，1965年被政府收歸國有）中（6）「和平班」。1972年移居香港，創立香港和昌公司。

吳慶星，一個海外離散華裔，繫祖國赤子情懷。他認為沒有國哪有家，只有國家強盛，自己的家才能好。他為小家，既遵父母之囑。他又為改變一窮二白的家鄉面貌，投資反哺父母和祖輩的家鄉。他念念不忘父母的養育之恩，把父母名字「仰恩」播種在泉州洛江區馬甲鎮洋坑村（如仰恩系列工程，仰恩湖，仰恩橋，仰恩大學等），表達對父母的孝敬之心。在那裡他不僅讓貧困山區從傳統農業向現代化轉換集旅遊觀光度假教育科研生產為一體的農業大觀園，拉動了馬甲鎮的經濟發展，而且為了圓父母之夢以中華傳統文化「育人為本，德育為先」的傳統理念興辦中國第一所民辦私立大學——仰恩大學，培育學生傳統做人的理念，它成為今天馬甲鎮的驕傲和魅力。[1]

吳慶星認同父母培養的儒家思想和孝文化，他的價值觀表現在仰恩大學的校訓：先學會「做人」再「創業」的傳統育人倫理；認同祭祀祖先的民間信仰，認祖歸宗，他捐資在馬甲鎮洋坑村重建祖厝和吳氏宗祠；保留歷史文物，重建玉泉康濟廟，推動其民俗文化資源，與緬甸建立民間信仰鏈等等。

吳繼垣（1947-），緬名U Myint Swe，仍健在的緬甸華裔「成功人士」。信仰緬甸南傳佛教和漢傳佛教。祖籍泉州市洛江區馬甲鎮霞井村。1947年出生於緬甸仰光唐人區五十尺路一家普通華僑家庭。父親吳善備（U San Pe）1932年遭受匪患而逃往緬甸。吳繼垣在兄弟姐妹4人中排行第二，1964年畢業於仰光南洋中學高中部。20世紀80年代，祖籍地家鄉要重建康濟廟和要修建霞井吳氏大宗祠，吳繼垣踴躍捐輸，受到祖籍鄉親們的讚許。他是緬華社會的「成功人士」之一，除了擔任全緬甸制冰同業協會的主席外，在緬華

---

[1] 海絲小鎮與大股忠聯合攝製出以仙公山的神靈庇佑和仰恩大學培育優秀學子為主題的閩南歌曲：「心中的馬甲」視頻。在原《夢裡水鄉》歌曲，由大股忠填詞自豪地唱出內心的（泉州洛江）馬甲鎮。

社會被推舉為緬甸建德總社副大董,[2]緬甸華商商會（緬甸中華總商會）會長（2014-2019），延陵聯合會理事長和緬甸晉江公會副理事等職務。

（三）緬甸吳氏鄉親的鄉愁記憶表現

吳氏大宗祠，連接家鄉情。1907年吳家楓等募集大銀4188.5元在家鄉創辦公益事業。1944年抗日戰爭期間，中國東南沿海遭日機轟炸，泉州城區各類學校被迫停課和內遷。在這民族危難之際，在緬甸歸國南僑吳祥坪、吳善眉、吳善仰、吳善備（吳繼垣之父）的資助下，僑屬吳恭讓（善溫）、吳俊民和吳宗文等利用吳氏大宗祠簡陋的地方創辦一所晦鳴中學錦豐分校於霞井僑村，先後招收羅溪馬甲河市仙游和南安部分學生計142人入學就讀。1946年合併於泉州晦鳴中學。

移民移神，故鄉情懷。20世紀初，一批批吳氏移民先輩從中國福建省泉州洛江馬甲鎮霞井村背井離鄉通過南洋來到緬甸，並從家鄉帶著興福尊王（當地稱「王公」）神靈香火一起移植過來，一方面這些先民對故鄉的懷念，另一方面希望神靈保佑一路平安，在異地謀生順利和創造族群的立足點。這些先民在緬甸創造了吳氏族群的立足點。

回鄉探親，謁祖修廟。新中國成立後，早年逃往海外的鄉親紛紛回家鄉探親謁祖。他們返回海外後，不僅帶頭捐資，還積極動員鄉親為家鄉創辦公益事業奉獻。1978年中國實行改革開放後，旅緬僑胞紛紛回國探親謁祖，參加各種聯誼活動。旅緬泉州洛江區馬甲鎮鄉親也不例外，仰光吳氏延陵聯合會副理事長兼秘書長吳海騰應洛江區僑聯之邀請，出席泉州政府慶祝中華人民共和國成立五十周年盛大酒會，參觀當地名勝古蹟和崇武古城。1979年，旅緬華僑吳善仰偕夫人杜恩回鄉探親。1981年仰光吳氏延陵聯合會部分宗親在吳善仰的帶動下，募集141750盾，在故鄉馬甲鎮霞井村重修玉泉康濟廟。

投資反哺，振興家鄉。1983年再次回鄉時，擬定捐資30萬元在家鄉創辦

2　緬甸建德總社第十一任職員表，2020-6-2。

一所僑辦小學。1984年，吳善仰不幸辭世後，其長子緬甸華僑香港和昌公司董事會主席吳慶星為繼承和實現父母遺願，從1985年起，先後投入鉅資在家鄉以「仰恩大學」為主體的仰恩系列工程，其中，為家鄉發展綠色農業引進高新技術項目，促進振興鄉村。

1978年後，霞井村改變單一經濟格局，發展多種經營模式。在發展糧食生產的同時，充分發揮當地山水資源優勢，利用山坡雜地種植以龍眼為主的果樹7000多畝，並且利用水域面積發展淡水養殖，放養各種魚苗10多萬隻，攔網養殖1500多畝，網箱殖養1500多平方，建立以玉豐番鴨場為主的禽畜基地兩個，每年為市場提供商品肉鴨62萬隻，生豬1000頭，肉雞數萬隻。

收入增長，擺脫貧困。隨著農業生產不斷發展和第三產業的興起，霞井僑村村民經濟收入逐年增長，1998年人均收入比1988年增長5.5倍，達到了小康水準，已擺脫貧困走上富裕之路。在生活水準提高的基礎上村民們又如何建設和改變鄉村面貌。山邊自然村[3]按照統一規劃，分期實施。農業與水產養殖業、養鴨場、果林場投產取得豐收。第三產業市場經濟正為農民學習和接受，學會社區文明綜合服務水準日趨顯現效益，呈現出鄉村振興風貌。

保留重建康濟廟和祖厝。吳慶星在父母之家鄉山邊自然村，雖然改建仰恩大學城，自東到西高樓林立，可是，仍然保留和保護歷史文物廟宇（五代時期的古戰場遺址與泉州刺史留從效建的千古廟——梅桐嶺玉泉康濟院）和家族宗祠主要建築原貌，並且進行重修和擴建。基礎設施逐漸完善，12米寬的水泥大公路，貫穿全村境內，連接赤土園吳氏宗祠和省級五代文物保護單位康濟廟，交通便利。1999年，吳慶星重建五代文物遺址時，康濟廟周邊就配建了和蓮亭、清心園、籃球場等。

吳慶星以現代的理念在泉州洛江區馬甲鎮洋坑村重建其祖上大厝。它位於仰恩大學校門口前100米左右，座落在仰恩湖畔，仰恩橋頭，典型的閩南紅磚厝。祖厝（延陵衍派），大門左側為吳慶星立之重建碑記牌匾：世代榮耀（門楣上聯）（民間故事圖畫），義德傳家百福臨（左）克勤創業千秋盛

---

[3] 現在的仰恩村和洋坑村所在地。

（右）；祖龕富於花雕藝術，紅漆底上鑲鎏金油漆，對聯紅底金字：光前裕後（龕楣上聯），振家聲業興萬年（左聯）承祖德名譽千古（右聯）。

以下兩個碑記說明該祖厝不僅是吳氏族人集體祭拜先人之場所，而且為村民宗親舉行會議學習交流科學技術開展文娛活動提供方便。

「祖厝重建記」為吳慶星於1986年12月所立之碑文，其曰「十五世祖克義公媽謝氏徹娘祖父祥賢祖叔祥蒲三祖叔平治四祖叔甘棠吳氏祖厝系克義公建於清光緒初年距今壹佰餘年因年久失修房屋破損部分余水父母善仰杜恩遺志於西元一九八六年仲夏重建祖厝總面積壹仟零柒拾肆平方米祖厝乃紀念祖先場地也為本村宗親舉行會議學習交流科學技術開展文娛活動提供方便。吳慶星立西元一九八六年十二月日」。

「祖厝重修記」是當地吳氏族人重修的。「吳氏吾族祖厝，即大新厝，由於清末光緒年間，一九八六年，由族人慶星獨資翻建，經風雨侵蝕二十餘年載，部分屋頂坍塌，族人商議重修達成共識，經人丁集資與自願捐贈形成籌資二十八萬有餘。工程於二〇〇九年十月一日起始，翌年二月十六日竣工，耗資二十八萬元。此次重修，以『修繕』為本，即：屋頂地板全部翻新，房間立牆複『五開間』模式，大廳兩側牆壁增設石框以存放先人遺像，大門洞開尺寸有斟酌校正，同時增加聯對若干，內部構造加以鎏金油漆，重修後祖厝煥然一新，內涵更盛。祖厝乃家族祭拜祖宗儀事活動之場所，此次重修後，不再分屬，以彰顯吾族和諧家風。捐資芳名，以榜銘記。西元二〇一〇年三月立」。

三 馬甲鎮洋坑村民間信仰文化空間

（一）玉泉康濟廟：洋坑村的民間信仰文化景觀

泉州洛江區馬甲鎮霞井是僑鄉，它位於泉州市北郊34公里處。霞井原屬晉江縣轄，現在劃歸為洛江區馬甲鎮。馬甲鎮歷史上隸屬晉江市，1971年改屬泉州市，1985年改屬鯉城區，1997年改屬泉州市洛江區。馬甲地域總面積

114平方公里，轄24個行政村。霞井下分洋坑、梅嶺、祈山、彭殊、新奄和仰恩等六個行政村，村民大多為吳姓。

　　泉州馬甲鎮洋坑村是馬甲鎮24個行政村中較小的行政村。洋坑村有著福地萬丁之稱。車流人流不息，沿路架設路燈，果實繁茂，綠色環境宜人居住，華燈初上，不亞於繁華都市，極富於一幅鄉村田園景觀。該村2017年入圍「泉州美麗鄉村」評選。水岸風景優美。[4]民生投入超1500萬元，大大改善了洋坑村容村貌。

　　洋坑村也是已故旅緬華僑吳慶星家族基金會所創建的中國第一所民辦大學試點仰恩大學發祥地，其校訓散發著「學會做人」的中華傳統育人文化氛圍氣息，展現出一道獨特美麗的人文風景線。該村的五代時期建的文物玉泉康濟廟不僅是朝拜、休閒和度假的好去處，而且襯托著馬甲鎮魅力的一道民間信仰文化景觀。詩情畫意的仰恩湖景和仰恩大學校園現代化建築群體的完美結合，構成一幅美麗的山水畫卷。這些深厚的人文底蘊使馬甲鎮具有泉州美麗的「後花園」之稱，並且榮獲「省級環境優美鄉鎮」和「第九屆省文明鄉鎮」榮譽稱號。

（二）現代保護玉泉康濟廟：融合修心與健身理念

　　玉泉康濟廟，前身為回山寺，俗稱王公宮，位於泉州市洛江區馬甲鎮洋坑村，供奉興福尊王一門七賢。此廟始建於〔唐〕永徽年間（西元650-655年），1984年被列為泉州市第三批文物保護單位。其主殿斜對面，順著石板路蜿蜒而上，會看見一個休閒公園，其空地開闊，適合家庭遊玩，也可以觀賞到洋坑村全景。登高遠眺康濟廟山頂休閒公園後，下山300米處，有一個休息亭可在此小憩。往下走即會面對三岔路口：往梅嶺村方向沿途行進300

4　泉州美麗鄉村——水岸洋坑航拍視頻（2017-7-17），泉州市洛江區馬甲鎮「洋坑村」水岸風景優美。當地媒體發布了許多有關馬甲鎮的視頻，其中「泉州馬甲水岸洋坑村三點一線美景」（2018-2-23）裡提到康濟廟半山公園，水岸洋坑田園稻場合水岸洋坑庫區連心觀光橋等。引用日期：2022-10-30。

米可參觀霞井吳氏宗祠民俗博物館,其宗祠博物館極具閩南特色建築風格,館內陳列各種上個世紀60、70年代的農耕工具:木犁、耙、耪、耕鋤、钁等。沿途經過的路口,可以感受仰恩大學學生街的歡樂氣氛,賞玩街裡的各種小玩意及品嚐小吃。

仰恩大學新校區、「霞井吳氏宗祠」和五代文物保護單位「康濟廟」等皆位於洋坑村,剛投入改造田園走廊、連心橋、惠女水庫環灣生態休閒區將逐步投入使用,進一步豐富了鄉村遊資源。進入洋坑村,沿著「新林宮」旁小山道(洋坑村森林公園偏道),步行至「森林公園」,漫步在森林公園中,呼吸新鮮空氣。洋坑村森林公園是探險旅遊觀光休閒避暑的絕佳去處。洋坑村森林公園入口俯視洋坑村森林公園,在那裡走走停停舒展完筋骨後,繼續沿著小山路往前走,就到了「玉泉康濟廟」。

近年來,政府重視歷史文化積澱,並融合現代人居運動理念,把康濟廟周邊大環境進行改造,成為以「越運動、越快樂」為健康主題的健身公園。康濟廟公園成為2020年全國第五屆健走激勵大賽洛江賽區,舉行「居民萬步有約」健步運動賽,集體聚集的民眾活動描繪出現場一道美麗的寫生圖畫。石板鋪就的健身步道從公園中蜿蜒而過,展現歷史文物與現代交融,不僅成為修心健身的良好美麗的環境,通過環境活化,歷史文物也得以保護。

四 如何保護和啓動兩地民間信仰文化空間

(一)泉州洛江區馬甲鎮洋坑村玉泉康濟廟

王公信俗是閩南泉州市郊馬甲鎮洋坑村康濟廟興福尊王誕辰舉辦的信仰文化,是民間的鄉土文化,具有歷史性、群眾性和影響性。可是泉州馬甲僑鄉(包括緬甸歸僑以及眷屬)和緬甸岱枝華裔所塑造呈現出來的文化實踐有差異:前者為了活躍基層文化活動,開展公共性文化活動,以樂喜聞樂見的形式把民間文藝傳播到鄉村,豐富了村民的文化生活。

洋坑村與鄰村一起舉辦玉泉康濟廟主神興福尊王(俗稱王公)巡境民俗

活動繁多，如一、2017年農曆正月十五，馬甲鎮玉泉康濟廟興福尊王誕辰慶典（東道主梅嶺村）。[5] 巡境景象有：村民抬神轎、鑼鼓和大鼓吹、舞獅演技、神童問事，農產品作為供品，活烏龜和飛鴿為放生活動，一路上放鞭炮、傳統音樂助興，用彩旗、摩托車和汽車（小轎車）組成隊伍，用卡車安放神明。

二、2018年2月24日，農曆正月初八接佛。迎神接佛前需進香請示。安放神明的卡車在隊伍前頭；緊接著有編號的125輛小轎車和摩托車隊在崎嶇的山路上行駛。沿路村民持香恭候身穿禮儀服裝的裝飾隊伍。各種樂器合作演奏包括鑼鼓和嗩吶前來吹奏以表示迎神儀式隆重，[6] 並且營造了一種視覺和聽覺結合的傳統民俗文化。

據2018年正月初八的巡境接佛路線是：從祈山村新土爐出發——梅嶺村——康濟廟——仰恩大學——仙公山門——馬甲北街——馬甲南街——仰恩大學——洋坑村——康濟廟——永安下交——祈山卓厝——再回到新土爐。接佛路線體現村與村路路相通，並且巡境沿路村民虔誠敬拜，祈求王公保佑著合境平安、人丁興旺、事業有成。[7]

另外，來自泉州洛江區文體旅遊局2011年2月6日（大年初四）在康濟廟和龜峰岩等地舉辦新春戲曲展播（推動南音包括南音大合唱）。鄉村小傳統就在鄉村社區生活裡自發萌芽出來，並持續下去。民俗是民間生成的文化現象，其文化對一種根基性的價值，跨越了階層、家族、時間，世代相傳並不斷被創造的文化，提供了持續的認同感和集體感。

康濟廟公園是宣導社會文明新風，推進孝心道德價值觀的宣傳教育陣地之一。民眾製作100米牆畫、大型畫和燈杆畫，營造濃厚的宣傳氛圍。康濟廟公園展現歷史與現代交融現象。根據現代人居運動和精神財富相結合的改造，以民間戲曲民間音樂居民喜樂見聞的文化形式重塑新時代的鄉村精神文

5　騰訊視頻慶典航拍，錄製和攝影：杜進金、藍陽芬等。

6　「大鼓吹」在泉州民間甚為流行，此音樂以大鼓和吹嗩吶為主要演奏樂器，以螺角、鐘、鑼、鈸為輔，經過嚴密協調配合演奏的音樂表現形式。

7　Kknews.cc，馬甲網，2018-2-27。引用日期：2022-7-18。

化空間。以優秀傳統文化、藝術和道德價值觀提升鄉村精神生活水準。

（二）緬甸岱枝康濟廟

在緬甸的興福尊王分靈分布在岱枝和其以北的帕弄、澳降、岱籲、敏納和Kyauk-da-ka等市鎮。這些寺廟分不同時間舉行王公寶誕，如帕弄和澳降在農曆二月八日，岱籲在三月八日，敏納在農曆十月十八日。

岱枝康濟廟是兩層樓建築，一樓是是店鋪出租，二樓是神殿，陽臺面向面市中心佛塔。二樓陽臺大門上方掛著中緬文字製作的「康濟廟」牌匾，大門有兩幅對聯，一幅是木製紅底金字對聯：明德惟馨德自邀天佐（右）一心誠敬誠心定沐神（左）；另一幅是大理石金字對聯：康國康家國康以濟（右），濟民濟世既濟而康（左）。

（三）岱枝康濟廟興福尊王寶誕巡境大典

1985年農曆正月十五元宵節舉辦第一度巡境大典。2020年2月8日（農曆正月十八）又迎來第八度巡境大典。參與宮廟如下：

主辦宮廟：岱枝建德分社[8]，仰光建德益德社，甘馬育建德分社，下淡汶建德分社，丹老建德分社，卑謬建德分社，榜鎮建德分社，巴安建德堂（分社）舞龍隊，岱籲建德分社；

參與廟宇：澳降康濟廟，澳報玉庵邢王府，禮不坦天公壇，卑謬福蓮宮，良禮篦觀音寺，秉內光慶安宮，直塘九天玄女廟，壁磅觀音寺，毛籲篦鳳山寺和勝公[9]；

---

[8] 2022年10月1日舉行該社複辦第七任就職典禮。在康濟廟大禮堂，福德正神神像前全體職員發誓斬香證明忠誠於社團。新任大董爲吳福源。

[9] 緬甸洪門和勝公司，又有緬甸洪門青蓮堂和勝公司與洪門青蓮堂鳳山寺之稱。該組織於1932年由馬來西亞檳城傳入緬南丹老和毛淡棉，1888年再延伸到仰光。參會者大部

會館組織：澳降青年團，直塘華人慈善會，毛淡棉澤蘭社，宋砌濟陽堂，渺名永定會館（客家人組織）；仰光CMA崇竺聖會。[10]

2020年巡境大典展示青年風采和新穎的一幕：身穿紅黃搭配縫製的華族旗袍的微笑引導員少女手持著帶有中緬文字的組織和寺廟名稱的牌子，她們的舉牌姿勢優雅自信，面帶燦爛又自然的笑容，引發了民眾的矚目。一道亮麗青春的風景線代表了緬華社會年輕一代的形象，承擔引領組織展現中華文化和信仰文化風采的任務。另外，抬神轎的青年們，舞龍舞獅隊的青年人，武術隊青少年們等等形成了活力四射的景象。這些青少年和青年們是自發參與的，他們皆認同祖輩和父母的信仰文化和中華文化。

岱枝康濟廟於2020年2月8日在臉書上有中緬文字的貼文：「2020年第八度岱枝康濟廟興福尊王巡境大典在大家的熱烈幫助已經圓滿結束。理事會和本地華人十分感激大家來參加我們的活動。在巡境大典中如果有招待不周或者有什麼不滿意的地方，請大家寬恕。來年再會，後會有期。」其貼文內涵表達了該廟理事會與當地華人以誠懇和客氣的語氣感謝所有參與者，並期待將來再次相聚在一起。

五 分析緬甸華裔的文化自覺

文化自覺：吳慶星是緬甸離散華裔的代表人物之一。他的文化自覺和實踐表現於他如何在父母的祖籍故鄉捐鉅資重塑文化，其文化蘊含了他父母的囑託、家鄉父老的期望，以及資助緬甸仰光南洋中學培養的儒家思想和中華

分是福建南安人和廣東人士。該組織就職典禮以全體成員在鳳山寺廣澤尊王壇前上香敬拜的方式舉行。目前有27個分公司大多分布在下緬甸伊洛瓦底江三角洲和其他城鎮，都有相互聯繫和交流。

10 仰光建德總社以福建人為主體，在福德正神前行禮結緣，「取建功立業，德讓禮恭之義」，英屬緬甸時期從馬來西亞檳城日落洞建德堂發展到緬南，再延伸到仰光和其他城鎮的秘密幫會組織，1868年在仰光唐人區百尺路設立總社。參加王公巡境的各地方建德分社都與仰光建德總社密切往來。

文化的滋潤。其在泉州文物遺址上重建了康濟廟，在山上還矗立著雄偉的「九龍壁」和修心的「和蓮亭」和自動噴泉，還有富有人生哲理領悟做人道理的一幅幅的對聯等傳統文化格局。不僅如此，還建有文藝和體育活動場所：如鍛煉身體的籃球場，有可容幾千人的文藝演出的戲臺等。他還捐建一座古香古色的吳氏宗祠，雕樑畫棟上面全是「精忠報國」、「蘇武牧羊」等愛國歷史故事。旁邊還設了「農耕文化民俗館」，陳列著千百年來老百姓的農業生產和生活用具，讓今天的青年重溫祖先農耕生活與文化收到教育。

國家認同：緬甸華裔在政治上認同於當地國，具有所在國或出生地的公民意識，在生活習慣上，起緬甸名，喜愛緬甸風味飲食，接納緬甸倫理道德觀念和南傳佛教文化。但又不能不對當地國曾經排斥華人的現實。因此，他們保持低調或以另一種方式致力於爭取與其他族群的平等地位，希望保持華族的文化特質，以建構植根於當地的華人民間信仰和其文化符號來維繫族群內在的聯繫，從而達到華人族群的共同利益需求。

祖輩的家鄉情認同：華裔仍然保持著對自己族群鄉愁記憶和認同感，保持著自己族群意識。

身分認同：作為華人社區內部的身分認同，多元文化與多元社會結構背景下，緬甸華人族群認同呈現出多重性和複雜性。例如，已故柯德華先生的身分認同多重：他既是岱枝康濟廟（管理委員會）理事長，也是岱枝康濟廟華文補校的校長和岱枝建德分社（舊時的福建幫幫會，現在演變為社會福利組織）的先生。

文化認同：家和國家有直接或間接的關係，但不是一成不變的。中國泉州馬甲王公信俗鄉村文化是源，那麼緬甸岱枝康濟廟之王公信仰文化是流。它不停地在變，變的理由就是與移入地的當地文化之間（包括殖民地時代從南洋傳播過來的移民華族信仰文化，緬甸當地的南傳佛教文化）的接觸和碰撞。你我認同的中華文化都不一樣，可是它們有共同點，即在信仰文化上的相互瞭解，有和緬甸佛教文化交流，對王公信仰文化產生新的瞭解和新的觀點，並且能相互接納。

緬甸華人認同緬甸佛教有幾點。其一，在緬甸，無論是小乘還是大乘佛

教，都主張慈愛為懷，不得殺生。在緬甸人民心中最大的德行是建塔和涼亭。移民華僑華人在大金塔捐建了八關亭等，其中位於大金塔西南面的中國式寺廟福惠宮，是1894年福建移民華僑陳文鄭為兒子回祖國家鄉完婚而還願捐建的，其宮內還設立佛龕供奉釋迦牟尼玉佛，寺廟前的麒麟、金山銀山和民間故事雕塑象徵中國寺廟藝術和中華文化符號。

其次，緬甸有一種風俗習慣，即信仰小乘佛教的男子，至少要到寺院裡當一次和尚體驗出家修行的生活。有的兒童時去一次，到了17、18歲成年再去一次。出家的天數不等，有7天的，有9天的，有的成年者當幾個月，也有的「速成和尚」只當一兩天。青少年即使短期出家，也要舉行一定的儀式，在家人和親人族擁下，穿上古代王子華麗的服飾，或乘車，或騎馬，或步行，父母和親人拿著各種各樣的供品，到街上游巡，先到佛塔朝拜佛與諸神，再到寺院在法師的主持下剃髮，皈依佛門，並在寺院裡跟隨法師的指導學佛教禮儀和誦經。孩子（男子）出家視為人生大事，佛教徒無論緬族還是華裔對此都十分重視。平時做生意賺來的錢，即使平日省吃儉用，至少也要給兒子辦一次剃髮出家儀式，而且還要花出一大筆錢辦得風光包括買供品，請人吃飯和拍攝錄影等。

緬甸華人創造中華文化實踐的機會。其一，仰光建德益德社，僑領和商家鼓勵和贊助組織青年武術團、舞龍舞獅團。其二，岱枝康濟廟教師志願者開辦漢語和中華文化課程，舉辦中秋聯歡晚會。其三，王公寶誕信俗提供15歲以上青少年參加抬神轎訓練活動，製作中華服飾等等。

六　結語

縱觀，本文通過探討緬甸華人的鄉愁記憶和民間信仰文化空間可以瞭解到緬甸新生代華裔（特別是20世紀70年代出生的華裔）在華社發揮文化作用。他們都是土生土長的緬甸華裔，均已成為合法的緬甸公民。現在的趨勢不同於過去膜拜神明只屬於老年人或婦女。雖然他們對祖籍國認識不深，可是認同祖輩家鄉的民間信仰與其文化，積極參加神明信俗活動，商家參雜廣

告,年輕人變成主體。他們以新的姿態呈現民間信仰文化實踐,建德育德社和其他建德分社的青年舞龍舞獅表演和列隊展示中華文藝裝飾表演,構成人神共樂的人文景觀。

中緬兩地的信仰文化,在當今資訊時代的社交媒體使王公信徒相互聯網,人與人聯誼,積極打造了信仰文化交流平臺,從而縮短了不同地域之間對民間信仰認識的差異,共同描繪一幅幅即美麗又有文化交融的和諧人文圖畫。

參考文獻

鄭炳山,《緬甸的泉州鄉親》,北京:中國電視出版社,2002年。

緬甸仰光—建德總社第十一任職員表(吳繼垣副大董),建德總社(緬甸仰光)facebook,2022-1-18,引用日期:2022-11-30。

緬甸中華總商會第33和34屆會長吳繼垣,網址:〈http://mccoc.com.mm〉,2014-2-27,引用日期:2022-11-30。

緬甸中華總商會吳繼垣會長出席參加第八屆世界華僑華人社團聯誼大會招待會(北京),網址:〈http://mm.china-embassy.gov.cn〉,2016-6-3,引用日期:2024-11-30。

關於第14屆世界華商大會籌委會名單(大會總主席),緬甸金鳳凰中文報社facebook,2016-8-28,引用日期:2024-11-30。

第十四屆世界華商大會在仰光開幕各項活動有序展開,中國僑網,網址:〈http://www.chinaqw.com〉,2017-9-17,引用日期:2024-11-30。

馬來西亞檳城破浪布袋戲的語言風格

楊迎楹[*]

摘　要

　　「破浪布袋戲」成立於2015年，主要由熱愛民間藝術表演的年輕人向「鳴玉鳳掌中班」[1]學習操偶、唸詞、音樂等技巧。鳴玉鳳無繼成人，破浪布袋戲雖師承前者，但發展出新的劇本主題、語言風格與呈現方式。本文分析破浪布袋戲以「邂逅檳榔」作為主題的兩部作品，分析結果顯示「邂逅檳榔」在語言使用上具有多元性，同時有兩種具有明顯語言特徵差異的閩南語腔調，最後從語言標記化角度探討該語言特徵如何從中性的特徵演變為具有象徵性的社會意義的特徵。破浪布袋戲從接受本土化與多元化的角度出發，在演出者的語言背景、語言能力和劇本角色要求等個人因素與觀眾接受度和喜愛度以及社會的歷史和文化背景等社會因素之間取得平衡，發展出一種具有檳城特色的新式布袋戲語言風格。

關鍵詞：馬來西亞、檳城、破浪布袋戲、語言風格、言語

---

[*] 　馬來亞大學中文系
[1] 　鳴玉鳳掌中班已於2023年3月結業。

一　前言

　　布袋戲在19世紀晚期及20世紀早期從中國南部福建省一帶隨著移民被帶到英屬馬來亞（Fushiki and Ruizendaal, 2016）。陳瑞明等人（2017:4）在《檳城布袋戲：演變中的文化遺產》中引述了英屬馬來亞的殖民官沃恩（J. D. Vaughan）在《海峽殖民地華人的風俗與習慣》（1879）的描寫，指出布袋戲最晚在19世紀晚期已經出現在海峽殖民地（含新加坡、檳城和馬六甲）。時至今日，檳城仍是國內兩大布袋戲中心之一（陳瑞明等人，2017:xiv）。根據陳等人（2017）與檳城布袋戲班傳人的訪問，檳城在1940年代已有為數不少的布袋戲班，當時的布袋戲班除了在廟會慶典及喪禮上演出意外，也在個別人士的聘請下進行酬神演出。1940年代檳城受歡迎的布袋戲班分別為：一、漳鳳樓[2]、二、牡丹社[3]、三、錦蘭閣、四、明月園。其中錦蘭閣由黃禮方創立。黃禮方在1920年代從中國泉州府南安縣來到檳城。幾年後加入檳城漳鳳樓布袋戲班。日據時期結束後，他在1940年代成立錦蘭閣，錦蘭閣採用南音或南管音樂風格為主。1940年代晚期，由於受歌仔戲的影響，馬來西亞布袋戲在1940年代晚期在表演中採用歌仔戲的曲調與口語，讓當地閩南語觀眾與贊助人更易於接受。錦蘭閣仍保留南音風格，但同時經營另一個採用歌仔戲曲調與戲曲風格（也稱作臺灣調）的鳴鳳閣布袋戲班。黃秀金在1957年接掌該戲班後，重組成今日所見的鳴玉鳳掌中班，採用歌仔戲風格的閩南方言與民謠曲調。（陳瑞明等人，2017:7-8, 19）

　　1960年代至1970年代，檳城布袋戲發展蓬勃，戲班之間多有競爭，每個家戲班通常由十名成員。自1980年代始，電視、電影等新傳播形式的出現，導致布袋戲不再受歡迎。20世紀伊始，檳城仍有四家布袋戲班，但成員已減少至五人。

　　來到21世紀，布袋戲在馬來西亞年輕人市場漸不受歡迎。不過，在2015

2　漳鳳樓布袋戲班由陳亞胡於1940年創辦，第二代班主為其子陳清水。漳鳳樓在1980年收班，由洪金獅買下。（整理自陳瑞明，2017：10）。

3　牡丹社：班主為福建惠安人梁文眾。（陳瑞明等，2017：4）

年，一個由平均年齡為30歲的多元種族年輕人所組成的「破浪布袋戲」（Ombak Potehi）成立了，該團體是Ombak-Ombak ARTStudio旗下的團體之一，由馬來西亞理科大學民族音樂學教授陳瑞明博士創建，旨在通過表演、節慶、展覽和工作坊等方式推廣藝術。破浪布袋戲成員向鳴玉鳳掌中班學習操偶、咬詞、音樂等技巧。劇本方面，一開始是改編鳴玉鳳原有的劇本，將原本2-3個小時的劇濃縮成30-45分鐘的版本，其中包括2015年的「路遙知馬力之天賜良緣」以及2016年「大戰紅孩兒」。2017至2019年則創作了《邂逅檳榔》（本文簡稱《邂逅I》）和《邂逅檳榔——自由的天空》（本文簡稱《邂逅II》），後者也因應表演的需求而有兩個版本。疫情之後，該團在2023年的新劇「漢‧麗寶」也在檳城廟會演出。

由於新劇本的主題與馬來（西）亞本土相關，這個年輕布袋戲團體在檳城的表演經常得到許多年輕人的支持，非華裔也經常出現在現場觀賞。簡單的戲臺，符合當地時代文化的劇本，搭配中英字幕說明劇情，布偶角色多樣化等是促成這個結果的因素。

二　相關理論與研究方法

語言風格是指語言本身特點和語言的運用特點的綜合。這些特點包括不同的民族、時代、語體和個人在語言方面或語言運用方面所表現出來的特徵（程祥徽，1979）。若與索緒爾（Saussure）對語言和言語的區別進行對比，則「語言本身特點」對應語言，「語言運用特點」對應言語。然而，語言材料的特點並不能代替言語風格，因為言語風格是指利用語言（或方言）材料形成的，當這些材料不被運用時只是語言現象或方言現象。只有當這些材料被運用於具體的言語行為中，才會產生風格現象（張劍樺，2001）。破浪布袋戲作為一個年輕的布袋戲團體，自2015年以來在檳城的表演得到了許多年輕人的支持，且觀眾不僅限於華裔，非華裔觀眾也經常在現場觀賞。究竟是什麼讓這個新團體在娛樂選擇豐富的時代仍能吸引年輕人的注意力呢？

在布袋戲演出中，劇本和演出者使用的語言[4]是最為重要的元素之一，而後者尤其重要，其使用直接影響到演出效果以及觀眾的感受。因此，本文旨在探討破浪布袋戲的語言風格，著重於演出者在表演中的言語特徵。

本文以破浪布袋戲在Youtube上的兩部作品「邂逅檳榔I」和「邂逅檳榔II」為研究對象。第一部作品長約35分鐘，講述了檳榔嶼在從發展到繁榮的過程中，以及在發生幫派糾紛的背景下，島上多元族群之間的的日常小故事。第二部作品長約40分鐘，講述了日據期間檳榔嶼上的島民生活和抗日精神，以及1945年以後到第一屆地方選舉前後，透過年輕人出國留學、學成歸來、參與政治活動等事件，呈現年輕人教育水平的提升以及自主意識的抬頭。

本文首先對選取的兩部作品進行了漢字和國際音標的轉寫，接下來分析討論它們的言語是如何「構造」起來的，其中包括不同語言的運用及各自所佔的比例，語音、遣詞造語等特徵。同時，本文還採訪了波浪布袋戲的班主林雲濠先生，通過訪問了解他們在編寫劇本時在語言部分所做出的考量。林雲濠祖籍福建海澄，從小和祖母一起觀賞臺灣歌仔戲和鄉土劇，對戲曲音樂感興趣，這樣的經歷為他編寫破浪布袋戲劇本提供了養分。

本文嘗試從語言感知的角度討論破浪布袋戲在設計各個角色的語言以及演出者在使用語言時，是否對自己所使用的語言有所意識。這裡藉助Johnstone等人（2006）提出的語言標記化理論進一步論述。他們指出，語言使用中的某些方面可以作為社會現象的標記，反映出社會、文化和歷史的變化和差異。這些標記可以包括語音、語調、語法、詞彙、方言等方面，它們不僅僅是語言的形式特點，也反映了社會身分、地位、性別、族裔、文化等方面的差異和變化。因此，語言標記化理論認為，語言的使用不僅是溝通交流的工具，同時也是社會身分和文化認同的標誌。

換句話說，語言本來是中性的、不帶主觀社會意涵的工具，破浪的劇本以及演出者在語言的處理上對該語言特徵的意識程度究竟處於哪個階段？在

---

[4] 在布袋戲的演出中，語言通常分為口白和吟唱兩種形式。口語是指演員在表演中使用的生活語言，主要用於表述故事情節和人物性格等方面。唱腔則是指演員在表演中使用的音樂形式，具有特定的旋律和節奏，用於表現人物情感和心裡態度等方面。

布袋戲演出時所選擇的言語表現是否意味著他們對於該語言的語言特徵具有較高的意識，是否認為這些語言特徵同時具有社會象徵性意義？

三　語言風格分析

本節首先分析「邂逅檳城I」和「邂逅檳城II」的語碼使用，之後分析其語音和詞彙特點。

（一）語碼使用的多元性

「邂逅檳榔」是發生在馬來亞的故事，多元文化是劇本的底色。從角色的設計可知既包括從中國南來的第一代華人，如周茂生；也包括峇峇娘惹群體，如陳秀娘；還有從印度過來的印裔穆斯林，如En. Kassim，因此語言呈現多元化。語碼轉換不斷發生在角色之間的互動中，這些不同語言的使用也為觀眾提供了更多的文化背景和歷史背景，使觀眾能夠更好地理解故事情節和角色之間的關係。

表1　「邂逅I」與「邂逅II」的語碼使用比例

語言	邂逅檳榔I	邂逅檳榔II	平均
閩南語	79.3%	81.5%	80.6%
馬來語	17.5%	13.3%	15.0%
華語	0.4%	3.7%	2.3%
粵語	2.1%	0.2%	1.0%
英語	0.7%	1.1%	1.0%
日語	0	0.2%	0.1%

根據表1，閩南語仍然是兩部作品的主要語言，馬來語的使用次之，平均有15%，主要是因為印裔穆斯林——En. Kassim作為其中一個重要角色，出場

時使用的都是馬來語（例1），而且他的馬來語並不是標準的馬來語，而是一種具有馬來西亞北部色彩的地方馬來語，偶爾還會夾雜英語甚至閩南語詞彙在馬來語句當中（例2與例3）。

1　周茂生：（閩）Kassim先生，來來來，我們來去喝咖啡吃麵包。
Kassim：（馬）baiklah, jom, jom, dah buka kedai tu ke?
（翻譯：好啊，走，走，那家店已經營業了嗎？）
周茂生：（閩）開了咯！【邂逅I】

2　（馬）Bukan saja takut nanti kena **virus**（英）, takut dia orang mai kacau, sekarang kita duduk kat rumah semua.【邂逅I，（En. Kassim）】
（翻譯：不只是怕萬一感染病毒，也怕他們來搗亂，現在我們全部都坐在家裡）

3　周茂生：（閩）Kassim先生，你終於來了。
Kassim：（馬）Tauke Chew, memang lama kita tak jumpa neh.
（翻譯：周老闆，我們實在好久不見了呢）
周茂生：（閩）Kassim先生啊，這位是？
Kassim：（閩）來來來，（馬）saya perkenalkan, ini isteri saya, Fatimah.【邂逅II】
（翻譯：我來介紹，這位是我的太太，法蒂瑪）

華語在「邂逅II」的使用大幅增加，尤其是劇情發展到馬來亞獨立以後，華語多出現在年輕華人的角色裡（例4），一些本來就用華語的語彙也維持華語讀音（例5），這與那個歷史時期華語運動的推行相符。

粵語和英語的使用平均只有1%，其中粵語的使用通常因應情節需求以句子形式呈現（例6），英語則多以詞彙的方式夾雜在各種語言的話語當中（例7與例8），但也有以句子甚至段落形式出現（例9）。日語則以零星的幾個字出現講述日軍占領馬來亞的情節中。

4 吳進財：（閩）我看這個緊急狀態（華）也不知道要維持到什麼時候。吃的東西，用的東西，若要拿過港，給他們check（英）到很麻煩。所以說啊，我們要全力爭取地方選舉（華）。【邂逅II】

5 林阿義：哎呀，三八啦，再窮也不能窮教育（華）啊！【邂逅II】

6 旁白1：（閩）哼！這邊打石街本來就是我們大伯公的地盤，誰給你們這班廣府人還有白旗的馬來人過來？
旁白2：（粵）哼！你們這班福建仔！【邂逅I】

7 秀娘：（閩）回來還要self quarantine（英）呢。【邂逅I】

8 Kassim：（馬）Betul betul, ingat, jaga social distance（英）
（翻譯：對，對，記得，要保持社交距離）

9 背景音：（英）We built this country together. We share the resources. Protect our mother tongue and culture.

（二）語音風格特徵

雖然閩南語的使用比例最高，但仍有兩種不同的腔調。楊迎楹（2018）對馬來西亞北部閩南語（北馬閩南語）的主流讀音做了詳細分析，本文在這兩部作品中同樣發現其中一種閩南語腔調與楊文描寫的北馬閩南語一致。經過統計，「邂逅I」使用北馬閩南語腔調的比例不多，只有11%，基本集中在「秀娘」這一角色的言語。但在「邂逅II」中該腔調的使用比例就很高，占42%，除了秀娘，還有秀娘的兒子周天祥、青年文慧等角色的言語上，他們角色設定是當地第二代或南來華人與當地人通婚的後代。另一種腔調的使用則出現於第一代移民的角色中，同時還有旁白和唱曲的部分，楊迎楹在其文中指出當地人把這種腔調稱作「老福建」，其語音偏泉州音。表2列出兩部作品中不同角色的語音特點：

表2 「邂逅I」和「邂逅II」中不同角色的閩南語語音風格特徵

	唱曲、移民第一代 代表：周茂生、林阿義	華人與當地人通婚後代 陳代表：秀娘、文慧
1. 古日母	dz	l
2. 雞稽白：細多街	ue	e
3. 青更白：病生青暝	ĩ	ɛ̃
4. 毛䘺：門轉問	ŋ̍	uĩ
5. 箱姜白：娘想唱	iũ	iãu

10 古日母語詞

 a. 我這生理（生意）是一帆風順，越做越好啊！【邂逅II，（周茂生）】

  ua²⁴ tse⁵¹ sieŋ²¹ li⁵¹ si²¹ it⁵¹ phaŋ²⁴ hɔŋ⁴⁴ sun²¹, dzu²⁴ tso²¹ dzu²⁴ ho⁵¹ a

 b. 那邊好像有熱鬧【邂逅I，（陳秀娘）】

  ha⁴⁴ peŋ²⁴ siã²⁴ u²¹ lau²¹ dzuaʔ³

 c. 血染街頭日染紅【邂逅I，（唱）】

  hueʔ³ liam⁴⁴ ke²¹ thiou²⁴ dzit³ liam²¹ hɔŋ²⁴

11 雞稽白語詞

 d. 還有很多上等布料【邂逅I，（林阿義）】

  koʔ⁵ u²¹ tsioʔ³ tsue²¹ sioŋ²¹ teŋ⁵¹ e²¹ pɔ⁴⁴ liau²¹

 e. 樹林裡底有金幣【邂逅I，（旁白）】

  tshiu⁴⁴ na²⁴ lai²¹ te⁵¹ u²¹ kim²¹ tun⁵¹

 f. 你替我照顧阿娘母子【邂逅II，（周茂生）】

  li⁴⁴ the⁵¹ ua⁵¹ tsiau⁵¹ kɔ²¹ a⁴⁴ niã²¹ bu⁴⁴ kiã⁵¹

12　青更㈦語詞

　　g. 阿義兄，你提醒得對【邂逅I，（周茂生）】

　　　a²¹ gi²¹ hiã⁴⁴ li⁵¹ the²¹ tshĩ⁵¹ liau⁵¹ tioʔ³

　　h. 我們是唐山人來到這討生活【邂逅I，（周茂生）】

　　　lan⁵¹ si²¹ tŋ²¹ suã⁴⁴ laŋ²⁴ lai⁴⁴ ti²¹ tsia⁴⁴ tho⁴⁴ sɛ̃²¹ uaʔ³

　　i. 日頭就別講人，暝時就別講鬼【邂逅I，（林阿義）】

　　　lit²¹ thau²⁴ to²¹ maŋ²¹ kɔŋ⁵¹ laŋ²⁴ mɛ̃²⁴ si²⁴ to²¹ maŋ²¹ kɔŋ⁵¹ kui⁵¹

13　毛褲㈦語詞

　　j. 我家大老君（大醫生）轉（回）來了【邂逅II，（林阿義）】

　　　gun⁴⁴ tau⁴⁴ tua²¹ lo⁴⁴ kun⁴⁴ tŋ⁵¹ lai²¹ lo²¹ tŋ⁵¹ lai²¹ lo²¹

　　k. 你我都應該來做夥保護這個充滿歷史性和文化的地方【邂逅I，（旁白）】

　　　li⁵¹ ua⁵¹ lɔŋ⁴⁴ ieŋ²¹ kai⁴⁴ tso⁴⁴ hue⁵¹ lai²¹ pɔ⁴⁴ hɔ²¹ tsi⁵¹ e⁴⁴ tshiɔŋ⁴⁴ muan⁴⁴ lek¹ su⁵¹ sieŋ²¹ kaʔ³ bun²¹ hua²¹ e²¹ te²¹ hŋ⁴⁴

　　l. 祥，你轉（回）來了，轉（回）來了【邂逅II，（秀娘）】

　　　siaŋ²⁴ lu²⁴ tuĩ⁴⁴ lai²⁴ liao⁴⁴ tuĩ⁴⁴ lai²⁴ liao⁴⁴

　　m. 我問你一件事情【邂逅II，（周天祥）】

　　　ua²⁴ muĩ²¹ lu²⁴ tsiʔ²¹ kiã⁴⁴ tai²¹ tsi²¹

14　箱姜㈦語詞

　　n. 姑娘，對不住，對不住【邂逅I，（周茂生）】

　　　kɔ⁴⁴ niũ²⁴ tue⁵¹ pu⁵¹ tsu²¹, tue⁵¹ pu⁵¹ tsu²¹

　　o. 吶，給你一張，請你支持我們勞工黨【邂逅II，（文慧）】

　　　na²¹ hɔ²¹ lu²⁴ tsit²¹ tiãu⁴⁴ tshiã²⁴ lu⁴⁴ tsi⁴⁴ tshi²⁴ uaŋ⁴⁴ lau²¹ kaŋ²¹ tɔŋ⁵¹

　　p. 你唱給我聽【邂逅II，（周天祥）】

　　　lu²⁴ tshiãu²¹ hɔ²¹ ua²⁴ thiã⁴⁴

（三）詞彙風格特徵

詞彙運用方面同樣反映出時代性、地方性與多元性。破浪布袋戲上傳到 YouTube 的「邂逅檳榔I」是新冠疫情期間的版本，戲中加入了不少疫情期間的熱門詞彙，當中又以英文詞彙占多數，如：

詞彙	語言	意思
MCO (Movement Control Order)	英語	馬來西亞政府面對2019冠狀病毒病（COVID-19）時的反映措施，中文稱作「行動管制令」。
Covid	英語	冠狀病毒病
SOP (standard operating procedure)	英語	標準作業程序
1米（社交）距離	華語	大眾在新冠病毒肆虐期間，政府出於預防呼吸道傳染病的考量，呼籲大眾保持1米以上安全社交距離。
Social Distancing	英語	社交距離
Self quarantine	英語	自我隔離
3S (sesak, sempit, dan sembang tak berjarak)	馬來語	新冠病毒肆虐期間，馬來西亞政府呼籲公眾避免「擁擠（sesak）、狹窄（sempit）和說話無距離（sembang tak berjarak）」

這些是在疫情期間常聽見的詞彙，出現在劇本中讓觀眾對劇情更容易產生共鳴。除了抗疫元素，許多馬來語詞彙也經常夾雜在閩南語句子當中，如例15-20，不過，與前文討論的一樣，這些馬來詞語的讀音是馬來西亞北部的馬來方言。

15　我祖母最 sayang（疼愛）的人是我【邂逅檳榔I，（秀娘）】

　　ua^{51} tsɔ^{24} te^{21} i^{44} sa^{21} ian^{44} e^{21} laŋ^{24} si^{21} ua^{35}

16 陪我讀書sembang（聊天）【邂逅檳榔I，（秀娘）】

puei²⁴ ua³⁵ tʰak¹ tsʰɛʔ¹ sɛm⁴⁴ baŋ³⁵

17 爸爸講要送我一粒berlian（鑽石）【邂逅檳榔I，（秀娘）】

pa²¹ pa⁴⁴ kɔŋ³⁵ ai²¹ saŋ²¹ ua³⁵ tsit¹ liap¹ bu²¹ lien²⁴

18 那個鑽石我看來看去還是不太喜歡它的pattern（款式）【邂逅檳榔I，（秀娘）】

ha⁴⁴ le⁴⁴ bu²¹ lien²⁴ ua³⁵ kʰuã²¹ lai²⁴ kʰuã²¹ kʰi²¹ ma²¹ si²¹ bo²¹ kɔŋ³⁵ tsin²¹ tsiã⁴⁴ su²¹ kaʔ¹ i⁴⁴ e²¹ pɛ⁴⁴ ten³⁵

19 這邊啊是各地馬來老闆berkumpul（聚集）的地方【邂逅檳榔I，（秀娘）】

tsit³ peŋ²⁴ hɔ²⁴ si²¹ kɔʔ³ te²¹ huan²¹ nã³⁵ tʰau²¹ kɛ⁴⁴ bə²¹ kum⁴⁴ po⁴⁴ e²¹ sɔ⁴⁴ tsai²¹

20 今天這個大世界好像在跳ronggeng（一種馬來舞蹈）呢【邂逅I，（周茂生）】

kin²¹ a⁴⁴ lit³ tsit³ le⁴⁴ tua²¹ se⁴⁴ kai²¹ ho⁴⁴ tsʰan⁴⁴ tsʰiũ²¹ ti²¹ le⁴⁴ tʰiau⁴⁴ lɔŋ⁴⁴ geŋ⁴⁴ le⁴⁴

21 小事情，tapi（可是），文告你放哪裡？【邂逅II，周天祥】

sio⁴⁴ kʰua⁴⁴ tai²¹ tsi²¹, ta²¹ pi³⁵ bun²¹ ko²¹ lu⁴⁴ paŋ²¹ ko⁴⁴ lok³

上述言語風格的獨特性體現了破浪布袋戲注入濃厚的馬來西亞本土元素，與傳統布袋戲已有所區別，布袋戲演員通過不同的言語風格表現了角色的不同身分和文化背景。泉腔閩南語、北馬閩南語和北馬馬來方言的穿插使用不僅強調角色身分的多樣性，同時也創造出屬於檳城道地的布袋戲。

（四）語言感知與語言標記化

Johnstone等人（2006）指出語言標記化有三個層次，第一層指標性（1st order indexicality）是指人們在使用語言時，對語言和社會意義之間的聯繫幾

乎沒有意識，僅有「某地區或某群體的人會有某種語言特徵」這樣單純中性的連結。第二層指標性（2nd order indexicality）是指人們在使用語言時，開始意識到語言和社會意義之間的聯繫，某個區域或群體的語言特徵開始被單一個人使用於不同的場域，用以投射不同的自我面貌或協調人際距離。這個階段大眾已經開始對這些語言特徵產生心理評價，並且在言語行為上顯示出來，但未必能具體評論。第三層指標性（3rd order indexicality）則指人們在使用語言時，非常清楚地認識到語言和社會意義之間的聯繫，社會上經常可以聽到對某些語言特徵的討論及評價。（蘇席瑤，2018:14）

　　透過前文的言語風格分析，我們可以發現檳城的語言普遍存在某種語言特徵。破浪布袋戲團的團長林雲濠先生指出，設計角色和對白是經過特定安排的。具體而言，為了讓觀眾更容易理解和接受布袋戲，演出時間不宜過長（目前控制在30-45分鐘左右），並且與馬來西亞或檳城相關的劇情更容易引起觀眾共鳴。此外，不同的語言可以根據劇情的需要適時加入，以「邂逅檳榔」為例，「邂逅I」的故事主要圍繞在華人南來與其他族群在檳榔嶼的生活，因此「傳統」的閩南語元素較多，而「邂逅II」從日據時代跨越到獨立後，符合各個時代背景的語言如華語和英語也較多地出現在劇本中。此外，本土化的語言如「北馬福建話」可以根據角色自由運用，如果角色是南來華人第一代，讀音上會以比較傳統的福建話為主；如果角色是當地第二代，則語言上會更傾向當地的福建話。

　　由此可見，破浪布袋戲在演出中所呈現的語言風格是在劇本創作、角色的語言使用以及觀眾的理解與接受度之間相互作用而形成的。這也表示團員們對於所選擇與使用的語言和言語表現是有意識的，在演出時某一語言特徵的使用可以投射出不同角色的面貌，同時能夠拉近與當地觀眾的距離。這符合語言標記化理論裡的第二層指標性，即意識到這些語言和當地社會是存在某種聯繫。

　　檳城傳統布袋戲班過去偶爾也會在演出時使用北馬閩南語，例如檳城布袋戲謝秀嬌演員就曾指出，「布袋戲用的閩南語有兩種，地位較低的角色如丑角、僕人或媒人婆說的，是日常生活中的「白話」；小生、小旦或老生說

的是比較文雅高貴的文言。在唱曲或旁白人數不足的時候，偶爾也會使用參雜一些馬來語的檳城福建話」（陳瑞明等人，2017:126）。這還是屬於語言標記化的第一層次，因為那是在人數不足的情況下讓不會傳統閩南語的表演者用自己的本土化的閩南語來表演。

不過，陳瑞明等人（2017:142）在書中也提到「檳城布袋戲儘管仍然沿用來自中國的舊戲偶，但表演者已發展出各種實用及創新手法。1950年代與1960年代，布袋戲表演者採用了臺灣歌仔戲的曲調與口語，因為這種新風格較容易理解，也更受檳城觀眾與表演者喜愛。同時，說白與唱詞中也加入了本地閩南語詞彙與地方名勝地」。這裡就明確指出本地閩南語詞彙與原鄉或其他地方有所不同，這樣的語言特徵的使用說明當時候大眾對於本地閩南語已經產生心理評價，繼而在文化表演的場合中顯現出來。

四 結語

破浪布袋戲向傳統布袋戲班——鳴玉鳳掌中班取經以後開創出了屬於自己的表演方式和語言風格。從戲臺、布景、故事、劇本、戲偶、服飾到語言使用都與傳統布袋戲班有別。尤其在劇目方面打破了過去圍繞在中國古典文學名著（如《三國演義》、《水滸傳》等）的框架，創作了屬於馬來西亞本土的新劇本。

早期布袋戲到受歌仔戲影響而採用歌仔戲曲調與口語，破浪布袋戲則進一步加入馬來語、英語、華語等語言。本文基於語言學的分析具體說出了破浪布袋戲的語言是如何「構造」起來的，並從言語角度分析了其言語特徵。整體而言，不同的語言會根據劇情的歷史背景和故事發展而進行轉換，角色的個人文化特徵同樣在言語表現上得以凸顯出來。除了語言的多樣性，「邂逅檳榔I」和「邂逅檳榔II」在閩南語的語言風格上也呈現傳統和本土的特徵差異。屬於本土的北馬閩南語特徵已經演變為具象徵性社會意義的語言特徵。

語言和言語風格的變化與觀眾的理解和接受度直接相關。在布袋戲表演逐漸不受年輕人歡迎的時代，破浪布袋戲的年輕演出者從接受本土化與多元

化的角度出發，演出者的語言背景、語言能力、劇本角色要求等個人因素與觀眾接受度和喜愛度以及社會的歷史和文化背景等社會因素之間取得平衡，發展出一種具有檳城特色的新式布袋戲語言風格。

參考文獻

一　專書

陳瑞明等人:《檳城布袋戲——演變中的文化遺產》,檳城:George Town World Heritage Incorporated,2017年。

Kaori Fushiki &Robin Ruizendaal (ed.), *Potehi: Glove Puppet Theatre in Southeast Asia and Taiwan*, Taipei: Taiyuan Publishing, 2016.

二　期刊論文

杜佳倫:〈析論台灣五洲園派布袋戲三代劇作之語言風格變異〉,《清華中文學報》第26期,2021年12月,頁57-124。

竺家寧:〈語言風格學之觀念與方法〉,《揚州大學學報》(人文社會科學版)第7卷第3期,2003年5月,頁29-34。

張劍樺:〈論語言風格的要義〉,《山西師大學報》(社會科學版)第28卷第4期,2001年10月,頁104-108。

程祥徽:〈漢語風格論〉,《青海民族學院學報》第1期,1979年3月。

蘇席瑤:〈論語言風格的要義〉,《台灣學誌》第17期,2018年4月,頁1-35。

Johnstone, B., Andrus, J. & Danielson, A. E. (2006). "Mobility, Indexicality, and the Enregisterment of 'Pittsburghese'." *Journal of English Linguistics,* 34(2), pp.77-104.

三　學位論文

楊迎楹:〈多元接觸下的馬來西亞北部閩南語及其演變〉,臺北:國立臺灣大學博士論文,2018年8月。

黃桐城及其潮州民間傳說書寫

邱彩韻[*]

摘　要

　　黃桐城（老杜，1924-1980），馬來西亞華人作家，祖籍福建南安羅溪，1953年南遷馬來（西）亞麻坡，在當地酒莊擔任「財副」，業餘醉心文學創作，類型多樣，尤擅於以閩南民間傳說為素材進行改寫，數量豐富。因緣際會，筆者曾與柯榮三教授，共同整理黃氏所遺留的各類文本資料，集得162篇文章，彙編成《黃桐城民間傳說作品集》一書。此外，黃氏尚有部分零散篇什、手稿資料，未經整理出版。《作品集》大部分為閩南民間故事，少數為北方、潮汕民間故事，本篇論文試圖藉由《作品集》之外，自8則黃氏標明為「潮州民間傳說」的手稿：〈辭郎洲〉、〈雙忠廟〉、〈青龍洗甲〉、〈抗元兵馬發殉國〉、〈虱母仙〉、〈黃老相公祠〉、〈郭貞順勸夫迎義師〉、〈蜈蚣吐珠〉，從中擇要，討論潮州民間傳說被改寫為俗文學作品後在新加坡、馬來西亞傳播的情況，試圖為新馬通俗文學研究拾遺補缺。

關鍵詞：黃桐城、老杜、民間傳說、潮州

---

[*]　國立清華大學華文所兼任助理教授

一　前言

　　黃桐城，筆名老杜、仝戍、庵桐、清源人、清源老叟。1924年生於福建省南安羅溪，廈門集美中學肄業，1951-1952年暫居香港，1953年南渡馬來（西）亞，定居柔佛州麻坡，在當地酒莊兼匯兌擔任長生興「財副」[1]，業餘之暇投身文化事業，醉心於文學創作，為麻坡南洲詩社發起人之一，歷任副秘書等要職，同時也是馬來西亞華文作家協會的永久會員。1980年病逝。著有閩南民間故事集《白馬潮》、遺作《各姓入閩史話》。[2]

　　黃桐城精擅詩文，以文字為生，曾在家鄉短暫當過小學教師，寫過文章刊於《東南日報》、《掃蕩報》，逗留香江兩載，就在《大公報》、《文匯報》、《新晚報》及《週末報》上寫稿。爾後遷居南洋，「我的工作是『寫』。每天至少寫上二三千字……我其實是一間商店的『財副仔』，每天替人家寫信，抄賬開支票。一天到晚，除了午餐晚餐外，都是伏案而寫，寫它二三千字，並非誇大，而是少說。」[3]黃桐城工作所在——長生興，為黃家在麻坡的家族生意，從事當地罕見的華人傳統釀酒工業。長生興除卻是間酒行，代理自家同益酒廠蒸餾酒精，也兼辦僑批局，專營福建、麻坡兩地通信、匯款業務，故黃桐城的工作內容，除卻理財記賬，也代人書寫僑批。[4]

　　馬來西亞資深華人作家馬漢（原名：孫速蕃，1939-2012），為黃桐城民間故事集《白馬潮》寫跋，述及結識過程，說起黃桐城的形象「……不像一般寫作人，多半在教育界或報界服務，他是在一家兼做匯兌的大酒行裡當『財

---

[1] 財副，早期南洋華人社會對書記文員的稱呼。

[2] 引自柯榮三：〈馬來西亞作家黃桐城先生的民間文學書寫〉，《黃桐城民間傳說作品集》，頁21。

[3] 見黃桐城：〈隨便什麼東西之二〉，《建國日報‧大漢山》文藝版，1975年8月19日。

[4] 同益酒廠於1954年落成，董事經理黃則健為黃桐城叔祖父。工廠含製釀室、蒸餾部、辦公室、原料倉庫、職員宿舍，規模宏大。因股東與環境污染等問題，幾度易主，如今更為「1953活動空間」，原貌不復存在。〈薛同益酒廠落成已開始釀酒〉，《南洋商報》，1954年8月24日，頁9。

副』。他的外貌就如人們心目中的舊式『財副叔』那個樣子：結實的身材,黝黑的皮膚,一頭蓬鬆的頭髮,一身白色裇衫,黑色長褲,長年足穿一雙利便鞋;而且不善辭令,不嘗逢人便談文說藝,說他寫過幾十萬字……好一個這樣的老杜,走在街上,誰人看出他是一個『作家』呢？」[5]馬漢該篇跋文,結合悼念文字〈悼黃桐城（老杜）〉,對黃桐城其人其事,有著初步且全面的彙整,甚具參考價值。就馬漢看來,黃桐城勤於筆耕,才情洋溢,著作量豐沛可觀,卻因不善交際,鮮於社交應酬,更因報章編輯與出版社業者捨近求遠,偏好港臺作家,未能給予本土作家公平的發表機會,而被世人忽略。[6]

關於黃桐城的研究,值得多方面挖掘文獻,深入探討。2016年始,國立雲林科技大學漢學應用研究所柯榮三教授,自撰寫科技部專題研究計畫「『詹典嫂告御狀』俗曲唱本與戲劇小說之調查、整理與研究——以閩南、臺灣及南洋為主要考察範圍」（計畫編號：106-2410-H-224-028-）,論及黃桐城以「詹典嫂告御狀」為題材的小說作品,此後對黃桐城研究諸多涉獵。[7]筆者因地緣優勢,成為研究計畫的一份子,與柯教授共同整理黃氏所遺留的

5　馬漢：〈跋〉,《白馬潮》（麻坡：今天出版企業公司,1975年3月）,頁96-99。
6　「約莫是六十年代初期,經常在『商餘』上看到署名『老杜』者的一些文章,多屬於民間傳說、閩南掌故一類的小品,最初不曾留意,更沒想到『老杜』者,竟會是蔴坡的『同鄉』;後來,他的一些新瓶裝舊酒式的民間傳說小說在《南洋商報》的小說副刊加以連載,較為吸引了我。不過,也從未想到作者會是當地人。我之所以不曾想到老杜是本地人,主要原因是自戰後以還,本地報刊通常都相當喜歡刊發掌故及民間故事一類小品,不過,作者通常都是香港或臺灣的人,譬如易君左啦、高伯雨啦等等,本地的作家,在當時,除了文藝創作或學術論著之外,似乎少見有人從事這類文章的寫作,一路來,本地作者的機會,都遠比港、臺作者為少！」馬漢：〈悼黃桐城（老杜）〉,原刊於《南洋商報》,1980年2月28日,現收入《黃桐城民間傳說作品集》。
7　柯榮三：〈馬來西亞作家黃桐城先生的民間文學書寫〉,《黃桐城民間傳說作品集》（國立雲林科技大學漢學應用研究所；馬來西亞新紀元大學學院東南亞學系,2021年7月）,頁21-34；柯榮三：〈「順天命邱二娘」的傳說與小說——從閩南到南洋的傳衍〉,《漢學與東亞文化研究》（臺北：萬卷樓圖書公司,2020年7月）,頁499-518。；柯榮三：〈南馬作家老杜（黃桐城）對閩南民間傳說的演繹——以小說〈詹典嫂告御狀〉為例〉,《2019馬來西亞華人民俗研究論文集》（加影：馬來西亞新紀元大學學院）,頁67-88。

各類文本資料，出版了黃氏百餘篇民間傳說故事創作——《黃桐城民間傳說作品集》。

《作品集》輯自黃氏遺留的剪報本、手稿，復又從新加坡國家圖書館《南洋商報》、《星洲日報》電子報章資料庫，蒐得部分散篇。故紙堆裡披沙揀金，過程不易，也因縝密不足，有所疏漏。黃桐城善於從閩南原鄉民間傳說取材，再利用通俗筆調進行改寫，這類作品在報章版面多標示為「閩南民間傳說」、「閩南民間故事」、「福建民間傳說」、「泉州民間故事」，此外尚有少部分「潮州民間傳說」，未收錄在《作品集》，表列如下：

序號	篇名	原刊處
1	辭郎洲	《星洲日報》，1975年1月10日
5	雙忠廟	《南洋商報》，1975年3月10日 《星洲日報》，1975年3月18日
3	青龍洗甲	《星洲日報》，1975年3月12日
4	抗元兵馬發殉國	《星洲日報》，1975年4月2日
5	虱母仙	《星洲日報》，1975年7月11日
6	黃老相公祠	《南洋商報》，1976年6月4日
7	郭貞順勸夫迎義師	僅有手稿，未見已發表之剪報
8	蜈蚣吐珠	僅有手稿，未見已發表之剪報

黃桐城於1964-1976年在報刊上，陸續發表多篇關於閩地民間傳說的創作，值得注意的是，1975-1976年間，黃桐城亦曾改寫過「潮州民間傳說」。《作品集》中之該批資料的疏漏，作為編者，責無旁貸，故藉由本文說明缺憾，擇取部分予以補正和討論。

二　馬來西亞民間文學書寫與研究概況

介紹黃桐城筆下潮州民間傳說以前，有必要簡述馬來西亞民間文學書寫與研究之概況。民間文學研究是認識馬來西亞華人社會不可或缺的重要環節，只是相對已然成型的馬華文學研究，傳說、民間故事、歌謠等民間文學書寫或民俗資料，過去較少受到關注，不少論及新馬華人的重要著述，都缺

失相關內容。民間文學作為承載民族記憶的管道，是學術界應該回應和著力之處。

儘管中外學術界關於「民間文學」這個領域的研究活動日益活躍，近期亦有學術新晉開始以馬來西亞華人民俗題材作為學位論文，學界仍沒有民間故事為研究對象的專書討論。目前可見，唯廖文輝〈馬新民間傳說初探〉[8]、〈試論馬來西亞華人民俗文學〉[9]兩篇文章，梳理了地方文史工作者與學院派文人相關的本土研究。誠如廖文輝所言，這些口耳相傳的民間故事，絕大部份沒有完整的敘事文本，過去資料散見於於各類史話和散記式的著述，如許雲樵的《馬來亞叢談》、曾鐵忱的《新嘉坡史話》等，於歷史敘述中夾雜民間傳說。近來，有感於老者的凋零與民間材料的消逝，不少華人社團和文史工作者開始著手採錄資料，目前已經刊行流通的計有周長楫和周清海的《新加坡閩南話俗語歌謠選》、張吉安的《鄉音考古》、杜忠全的《老檳城‧老童謠》等，內容側重於童謠、歌謠、民間戲曲和鄉音。〈馬新民間傳說初探〉一文沒有留意到的是，當時各種官方及民間發行的報紙，除卻以報告新聞為主，其文藝復刊亦是研究新馬文史狀況的珍貴材料，是不少未出刊小說重要的發表之地，數量甚為可觀。

此外，馬來西亞新紀元大學學院自2015年起，為促進民俗研究，每兩年召開一次「馬來西亞華人民俗研究國際學術研討會」，迄今四屆研討會積累了多篇民間文學的研究成果，如柯榮三〈南馬作家老杜（黃桐城）對閩南民間傳說的演繹──以小說〈詹典嫂告御狀〉為例〉、潘筱蒨〈馬華文學中的民間傳說文化來源與內涵〉、羅景文〈書寫跨界、交織信仰──黃桐城之廟宇及神靈類民間傳說作品析論〉、柯榮三〈麻坡作家黃桐城筆下的閩南人物傳說〉、廖筱紋〈「猴心」看真心──中國與東南亞民間故事比較研究〉等等，力圖彌補空白。上述成果有其積極意義，只是還未全面反映馬來西亞華

---

8 廖文輝：〈馬新民間傳說初探〉，《成大中文學報》第三十九期（臺南：國立成功大學中國文學系，2012年12月），頁169-196。

9 廖文輝：〈試論馬來西亞華人民俗文學〉，《詩歌‧歷史‧跨界‧2018屏東文學國際學術研討會論文集》（高雄：春暉出版社，2019年7月），頁73-106。

人民間文學創作的全貌和成就。

學位論文的部份，中興大學梁偉賢撰有碩士論文《馬來西亞鼠鹿故事研究》[10]，以中國的民間故事類型為基準，和馬來文學中「以鼠鹿為主角的動物故事」作參照比對。另有拉曼大學顏希文以〈登嘉樓民間傳說故事初探〉[11]為學士論文，採集登嘉樓（Terengganu）當地人物、信仰與地方傳說。動物故事在當地早期民間故事中占據主導地位。以動物為主角的民間故事研究，尚有廖冰凌〈亦正亦邪——馬來（西）亞民間故事中鼠鹿形象的倫理意涵〉[12]、邱克威〈馬來西亞民間故事中兩種主題的鱷魚傳說〉[13]。其中廖冰凌收集了14則馬來文、印尼文、英文和中文的鼠鹿故事，針對鼠鹿亦正亦邪的故事形象，以民間文學的倫理角度展開討論。邱克威則整理了各種中英文文獻記錄中關於鱷魚的故事，包括1907年金門詩人林豪遊歷南洋寫下的兩首《殆哉行》、1899年英殖民地官員所採集的口述民間故事集 *Malay Magic: Being An Introduction To The Folklore And Popular Religion Of Malaya Peninsula* 和 *Fables And Folk Tales From An Eastern*。邱克威的綜合分析，在相關文獻資料之蒐集方面，十分具有參考價值。正如邱克威所引述，馬來西亞民間故事的採集、整理乃至研究，在二戰以前，皆由英殖民地官員主導，直到1950年代後才有馬來西亞國家語文與出版局（Dewan Bahasa dan Pustaka）和馬來亞大學的學者著手蒐集整理這些故事。上述論文皆以馬來文學中的民間故事為研究對象，普遍認為馬來西亞華人的民間故事基本移植自中國原鄉，並沒有自身的特殊性，數量亦少，或乏人蒐集整理，不足以展開論述。然而民間故事在移植的過程中形塑了哪些與中國原型可以呼應的文化意象？為什

---

10 梁偉賢：《馬來西亞鼠鹿故事研究》（臺中：國立中興大學中國文學系碩士學位論文），2006年。
11 顏希文：〈登嘉樓民間傳說故事初探〉（金寶：拉曼大學中文系學士論文），2016年。
12 廖冰凌：〈亦正亦邪——馬來（西）亞民間故事中鼠鹿形象的倫理意涵〉，《哲學與文化》第42卷4期，2015年4月，頁105-122。
13 邱克威：〈馬來西亞民間故事中兩種主題的鱷魚傳說〉，《馬來西亞人文與社會科學學報》第5卷第1期（吉隆坡：新紀元大學學院，2016年6月），頁45-69。

麼得以在當地脈絡中產生？這些長期被忽略的問題，正是本文得以藉由黃桐城民間傳說創作為題，進一步拓展的契機。

三　黃桐城潮州民間傳說之作舉隅：《辭郎洲》

辭郎洲，為廣東地名，位於廣東省饒平縣龍灣村東南方海邊，今因潮劇《辭郎洲》而聞名。《辭郎洲》故事梗概，南宋都統張達抗元，參加厓山之戰，乘夜襲擊張弘範水軍，妻子陳璧娘的弟弟陳格、陳植也跟隨張達抗元，陳格戰死，陳植失敗後隱居。戰事告急，為支持先生作戰，陳璧娘先後作了《辭郎曲》、《平元曲》以示贈別，飽含悱惻纏綿的情感和激昂慷慨的愛國情緒。厓山一役，南宋滅亡，張達死難，璧娘殉夫。此後遂有辭郎洲地名。

據熊燕軍〈宋季忠義歷史書寫的地方性表達——以閩粵（漳潮）辭郎洲故事為個案〉一文考證，辭郎洲故事廣泛流傳於閩粵（漳潮）一帶，實為後人虛構的文學傳奇，在持續不斷的書寫和流傳中，這個本應由漳潮兩地共享的文化資源，逐漸為潮州所獨享，成為潮州的「地方性知識」。[14]其實不僅如此，在閩粵文化分布的範圍內，《辭郎洲》還以傳說、戲劇與電影等各類形式，於南洋廣為傳揚。《辭郎洲》故事最早見於明代潮汕地方文獻，1958年時任廣東潮劇院院長林瀾和劇作家魏啟光、連裕斌創作潮劇《辭郎洲》，作為新中國建國十週年的賀禮，晉京參加文藝匯演，《辭郎洲》於是成為家喻戶曉的潮劇劇目，後移植改編成粵劇，香港粵劇團——雛鳳鳴劇團，曾在1969年第一次以全本粵劇演出《辭郎洲》，1976年，香港邵氏電影公司找來導演楚原執導，拍攝同名潮語戲曲電影。《辭郎洲》故事廣受新馬華人歡迎之證，例如1969年12月31日《星洲日報》刊有〈雛鳳鳴舞臺劇辭郎洲上銀幕〉、1976年12月24日《新明日報》上〈邵氏九大戲院將推出　蕭南英主演「辭郎洲」麗風售全套戲曲唱片〉等娛樂消息，又如1961年，新天彩潮劇團

14　熊燕軍：〈宋季忠義歷史書寫的地方性表達——以閩粵（漳潮）辭郎洲故事為個案〉，《潮學研究》2020年第2輯，頁54-89。

改編《辭郎洲》為舞臺紀錄電影，在新加坡各大戲院播放。[15]新加坡本土潮劇團體六一儒樂社曾於1967年為慶祝成立卅八週年紀念，一連三晚演出《辭郎洲》，將收入捐獻美術館作基金。[16]廣東方言群組織岡州會館粵劇團，也曾在1974年間，北上馬來西亞巡迴演出《辭郎洲》。[17]再如新加坡粵劇劇團

圖1　六一儒樂社公演潮劇慶祝成立卅八週年紀念《辭郎洲》

15　〈潮劇辭郎洲金華好萊塢曼舞羅今晚夜半場聯映〉，《南洋商報》，1961年6月17日。
16　〈六一儒樂社訂十二晚演名劇「辭郎洲」收入捐獻美術館作基金〉，《南洋商報》，1967年12月8日。
17　「1974年11月，岡州會館粵劇團再度出國演出，先到吉隆坡，續程檳城。11月23日、24日一連兩晚在吉隆坡為六邑會館義演，籌募助學金。11月27、28日在檳城為報界俱樂部籌募會所基金義演。岡州會館這次北上，在馬來西亞巡迴演出劇目《帝女花》與《辭郎洲》，風靡大馬粵劇觀眾」，《新加坡岡州會館簡介》，不詳頁，不詳出版年份。

敦煌劇坊，在1989年4月2日，以《辭郎洲》劇目為防癌協會籌款，並且在那之後遠赴埃及開羅演出。[18]2018年，新加坡南華潮劇社舉辦兩場「潮音潮曲・名家名段」文藝晚會，首次集合新加坡及中國專業和業餘演員，聯袂演出，演出曲目包含《辭郎洲》選段。[19]由此可見，時至今日，《辭郎洲》仍是風靡新馬的名劇名段。

以「辭郎洲」為關鍵字，在新加坡國家圖書館電子報章資料庫上檢索，可以發現早在黃桐城以前，就有前輩作家有過相同類型作品，兩者之間有無

圖2　老杜：《辭郎洲》，載《星洲日報》1975年1月10日。

18　〈敦煌劇坊演出為防癌協會籌款〉，《聯合早報》，1989年4月2日。
19　曾國和：〈潮音潮曲向經典致敬〉，《亞洲週刊》，2018年49期。

傳承與影響？實有耐人尋味之處。除卻黃桐城以老杜的筆名寫下的〈辭郎洲〉[20]，至少有五篇相關著作：韓江〈潮州愛國女詩人　陳璧娘〉[21]、真茹〈潮州鄉土戲中的辭郎州　民族英雄陳璧娘〉[22]、新堂〈辭郎洲與陳璧娘〉[23]、巫銘〈戲曲〉[24]、林木〈潮劇辭郎洲以此作歷史背景　饒平大尖山　曾是古戰場〉[25]。

圖3　黃桐城：〈辭郎洲〉手稿（不全）

20　老杜：〈辭郎洲〉，《星洲日報》1975年1月10日。
21　韓江〈潮州愛國女詩人　陳璧娘〉，《星洲日報》1957年12月15日。
22　真茹：〈潮州鄉土戲中的辭郎州　民族英雄陳璧娘〉，《南洋商報》。
23　新堂：〈辭郎洲與陳璧娘〉，《星洲日報》，1965年5月29日。
24　巫銘：〈戲曲〉，《星洲日報》，1970年12月13日。
25　林木：〈潮劇辭郎洲以此作歷史背景　饒平大尖山　曾是古戰場〉，《新明日報》1979年10月4日。

四 黃桐城潮州民間傳說：故事簡介

目前筆者所收集到的黃桐城潮州民間傳說，共有八則，隨文簡介故事以便後續再作申論。

〈雙忠廟〉：雙忠廟是崇祀唐朝抗拒外族入侵的二位將領張巡和許遠的廟宇，在潮州地區廣泛存在。文章引用了宋末丞相信國公文天祥在靈威廟填寫的一闋詞，表達了他對張許的推崇之情。文章附帶兩則傳說：文天祥進謁神明，因顯靈以馬獻祭、神明托夢於潮陽軍校，靈威廟因此設立在東山。

〈虱母仙〉：為虱母仙杜純的傳奇故事。杜純原與劉基同道學仙，後成了陳友諒的軍師，此後兩人分道揚鑣。陳友諒戰敗身亡後，杜純改名易姓，成為了擅長風水堪輿的虱母仙，因其堪輿術的精湛而聲名大噪，受到了許多富貴人家的招待和聘請。虱母仙通過預知洪武君和劉基前來的日期，提前離開王員外的家，從而化解了危機。備註：可聯結至黃桐城另一則故事〈釋大圭與燕山黃〉對讀。黃桐城於該文文末載有「據說釋大圭原名叫杜純，也曾到過潮州，改名為何野雲，潮州人稱之為『虱母仙』」云云。

〈青龍洗甲〉：南宋鄉紳孫白夢見青龍在門前洗鱗甲，起床以後見一秀才梁克家水中濯足，孫白對其十分敬重，卻因僮僕之過，梁克家留下題壁詩，悄然離去。孫家將女兒嫁給了梁克家，婚嫁之際有秋季梅花盛開的異象，而梁克家從此平步青雲，爾後對孫家因有恩，得以入祠祭拜。

〈黃老相公祠〉：相公祠所祭祀的原是一介布衣，名安，字定公，號石齋。他七次應考鄉試，卻未能中選。崇禎壬午年間，潮陽縣令孟應春聘他為幕客。甲申三月，明帝崩於社稷，六月二十日，石齋聞變，望北痛哭，投身於署旁的井中，享年六十三歲。當時正值海上烽煙四起，孟應春為其填土成塚。順治年間，地方士紳為其寫傳，以彰顯他的忠義節義，潮陽縣令陳子厚，將這段傳記題字刻石成冊，命名為《古井遺忠錄》。

〈抗元兵馬發殉國〉：潮州八景之金山古松，原名馬丘松翠，山上有「馬忠烈祠」。馬發為海陽縣人，南宋景炎三年（1278），元兵攻陷潮州城，馬發帶領殘軍背水一戰，最終自殺殉國。後人以紀念其英烈事跡，乃建墓立

碑作紀念。

〈**郭貞順勸夫迎義師**〉：潮陽「溪頭寨」寨主周伯玉，妻子郭貞順精通經史，尤以數學、詩文為最。明朝的兵士下嶺南，指揮俞良輔受命征討各個村寨，郭貞順獻上了一篇詩給俞良輔。俞良輔閱讀詩後大喜，溪頭寨也因此得以保全。

五　餘論

綜觀目前所見到的8則黃桐城潮州民間傳說，多是宋朝末了的忠義故事，或是廟宇、神靈類傳說，間中偶有穿插議論，抒發作者自己的觀點，尤其針對民間信仰時有批判。據柯榮三的研究，黃桐城創作民間傳說作品的來源有三：一是泉州「梨園戲劇目」，或是為泉州高甲戲劇本。二是已出版的民間傳說集，可惜目前發現甚少，不易確認。三是來自於身居馬來西亞的閩籍友人提供，黃氏《各姓入閩史話》一書數篇指明由其好友提供相關資料或掌故傳說。[26] 1978年，黃桐城兩篇刊在《南洋商報‧讀者文藝》的散文隨筆〈我怎麼和小說結緣〉、〈瞞天過海〉述及其文化養成與自小愛好閱讀有關，尤其嗜好章回小說。而黃桐城所定居的麻坡小鎮，是早期華人主要的聚集地。人類學家李亦園為分析中國文化所建構的範式，曾於1963年以麻坡為研究場域，進行海外華人市鎮生活的調查研究。麻坡因匯集八種以上不同方言群的人聚居於此，成為不同方言群關係研究最好的範例。開拓之際雖以潮州人為首，爾後據人口統計，麻坡以福建人人數最多，依序才是潮州、客家、海南、廣府、興化、雷州、廣西、江浙、福清者則為少數。[27] 潮州人在當中

---

26 柯榮三：〈馬來西亞作家黃桐城先生的民間文學書寫〉，《黃桐城民間傳說作品集》，頁27-30。

27 詳見李亦園：《一個移植的市鎮——馬來亞華人市鎮生活的調查研究》（臺北：正中書局，1985年）。此外，麥留芳：「麻坡乃是三州府以外的唯一具有方言群在市內分區分布資料的市鎮。麻坡有兩大方言群，即福建人及潮州人。在1911年，麻坡的潮州人有33%，比福建人尚超過百分之二；該時的第三主要方言群為海南人。但由1921年起，福建人逐漸增多，而在1947年時即以超過50%的優勢而成為主要方言群。潮州人卻在

占相當比例，或許可視為黃桐城民間傳說裡的潮州淵源之一。

　　黃桐城作為早年的南來文人，探究其文化雅興與文學實踐，有助於我們理解馬華初期文學風貌。馬漢於〈悼黃桐城（老杜）〉寫道「許多人以為老杜在寫作上只是獨沽一味，專寫掌故及傳說，殊不知他也常寫些文藝作品的。」《黃桐城民間傳說作品集》整理所據底本，為黃氏家屬所藏之剪報本，來源依次為《南洋商報》、《星洲日報》、《中國報》。另從新加坡國家圖書館報章電子資料庫，鈎沉輯佚。剪報本尚存有2首新詩、11篇短篇小說、15篇散文、10篇遊記。家屬所提供的手稿則有552張稿紙之多，當中雜有部分已經刊登的民間傳說、散文遊記、舊體詩詞、甚至有族譜文獻，若能整理成冊，會是一部內容極為龐雜的「合集」。礙於篇幅，我們最終只出版了黃氏百餘篇民間傳說故事創作──《黃桐城民間傳說作品集》，難免失之周全。本文針對《作品集》資料蒐羅不齊，明顯失漏有誤之處，稍作補充。

1947年減少至23%，而海南人自1921年後，便逐漸減少至1947年的10%，但這是麻坡縣的方言群分布情形。」三州府即英屬海峽殖民地：馬六甲、檳城、新加坡。麻坡中國方言群在普查與區內之分布，詳見麥留芳：《方言群認同：早期星馬華人的分類法則》（臺北：中央研究院民族學研究所，1985年），頁95-96。

參考文獻

一　黃桐城著作

《白馬潮》，麻坡：今天出版企業公司，1975年3月。
《黃桐城民間傳說作品集》，雲林：國立雲林科技大學漢學應用研究所；加影：馬來西亞新紀元大學學院東南亞學系，2021年7月。
《各姓入閩史話》，麻坡：黃桐城夫人陳淑端出版，1980年12月。

二　學術論文與專書

李亦園：《一個移植的市鎮——馬來亞華人市鎮生活的調查研究》，臺北：正中書局，1985年。
杜忠全：《老檳城‧老童謠》，雪蘭莪：大將出版社，2011年。
周長楫、周清海：《新加坡閩南話俗語歌謠選》，廈門：廈門大學出版社，2003年。
邱克威：〈馬來西亞民間故事中兩種主題的鱷魚傳說〉，《馬來西亞人文與社會科學學報》第5卷第1期，吉隆坡：新紀元大學學院，2016年6月，頁45-69。
柯榮三：〈「順天命邱二娘」的傳說與小說——從閩南到南洋的傳衍〉，《漢學與東亞文化研究》，臺北：萬卷樓圖書公司，2020年7月，頁499-518。
柯榮三：〈馬來西亞作家黃桐城先生的民間文學書寫〉，《黃桐城民間傳說作品集》，雲林：國立雲林科技大學漢學應用研究所；加影：馬來西亞新紀元大學學院東南亞學系，2021年7月。
柯榮三：〈南馬作家老杜（黃桐城）對閩南民間傳說的演繹——以小說〈詹典嫂告御狀〉為例〉，《2019馬來西亞華人民俗研究論文集》，加影：馬來西亞新紀元大學學院，頁67-88。

張吉安：《鄉音考古》，沙登：Cemerlang Publications SDN. BHD，2010年。
許雲樵：《馬來亞叢談》，新加坡：青年書局，2005年。
麥留芳：《方言群認同：早期星馬華人的分類法則》，臺北：中央研究院民族學研究所，1985年。
曾鐵忱：《新嘉坡史話》，新加坡：南洋商報社，1962年。
廖文輝：〈馬新民間傳說初探〉，《成大中文學報》第三十九期，臺南：國立成功大學中國文學系，2012年12月，頁169-196。
廖文輝：〈試論馬來西亞華人民俗文學〉，《詩歌‧歷史‧跨界‧2018屏東文學國際學術研討會論文集》，高雄：春暉出版社，2019年7月，頁73-106。
廖冰凌：〈亦正亦邪──馬來（西）亞民間故事中鼠鹿形象的倫理意涵〉，《哲學與文化》第42卷4期，2015年4月，頁105-122。
熊燕軍：〈宋季忠義歷史書寫的地方性表達──以閩粵（漳潮）辭郎洲故事為個案〉，《潮學研究》2020年第2輯，頁54-89。

三　學位論文

梁偉賢：《馬來西亞鼠鹿故事研究》，臺中：中興大學中國文學系碩士學位論文，2006年。
顏希文：〈登嘉樓民間傳說故事初探〉，金寶：拉曼大學中文系學士論文，2016年。

四　報章與雜誌資料

〈六一儒樂社訂十二晚演名劇「辭郎洲」收入捐獻美術館作基金〉，《南洋商報》，1967年12月8日。
〈岡州巡迴大馬粵劇義演團　訂十六日預演辭郎洲　耗鉅資佈特技海底景〉，《新明日報》，1974年11月14日。

〈敦煌劇坊演出為防癌協會籌款〉,《聯合早報》,1989年4月2日。

〈潮劇辭郎洲金華好萊塢曼舞羅今晚夜半場聯映〉,《南洋商報》,1961年6月17日。

《新加坡岡州會館簡介》,不詳頁,不詳出版年份。

老　杜:〈辭郎洲〉,《星洲日報》,1975年1月10日。

巫　銘:〈戲曲〉,《星洲日報》,1970年12月13日。

林　木:〈潮劇辭郎洲以此作歷史背景　饒平大尖山　曾是古戰場〉,《新明日報》1979年10月4日。

真　茹:〈潮州鄉土戲中的辭郎州　民族英雌陳璧娘〉,《南洋商報》,1966年8月4日。

曾國和:〈潮音潮曲向經典致敬〉,《亞洲週刊》,2018年49期。

新　堂:〈辭郎洲與陳璧娘〉,《星洲日報》,1965年5月29日。

韓　江:〈潮州愛國女詩人　陳璧娘〉,《星洲日報》,1957年12月15日。

附錄　黃桐城（老杜）〈辭郎洲〉全文

　　辭郎洲是一個小海島，孤立於南澳島嶼澄海交界的海中。它本來是一個荒蕪的小島，但因宋末元初，潮州才女陳璧娘在此「辭郎」，因此名聞遐邇。潮劇有一齣「辭郎洲」的戲，就是演唱陳璧娘與其丈夫張達在此辭別的故事。演來悱惻纏綿，而又激昂慷慨。是一感人肺腑，賺人熱淚的好劇目。

　　陳璧娘是饒平人，生長於書香世家。配夫張達，宦居都統，德佑元年，元兵南下，恭帝北狩，陳宜中南走交趾，張世傑等乃擁立趙昰為帝，是為端宗，即位福州，改元景炎。福建人通常稱它為「宋幼主」。

　　端宗在福州即位後，元兵跟著又打進來。端宗君臣只好南下泉州，想依附當時在泉州守將蒲壽庚。蒲壽庚原是阿剌伯人，早懷二心。端宗君臣到了泉州城下，蒲壽庚閉門不納，君臣們祇好重上征途，南奔潮州，駐紮於饒平縣東南四十里的紅螺山上。但元車繼續尾追，端宗君臣在紅螺山上住了一年，又站不住腳了，只得又再搬遷到惠州的甲子門去。璧娘的丈夫張達，便在這時率領了一枝畬族義兵，保護著端宗皇帝，從海路到惠州去，當張達率軍進佔南澳島外的一個荒島時，他環顧宇內，宋室江山，幾乎都全被元軍奪去了，暗念前途，一片黯淡，因此頓萌退志。恰好妻子陳璧娘趕來相送，勸他要愛國愛民，要為國千城，曉以大義；還做了一闋「辭郎曲」，送給張達，張達讀了辭郎曲，深受感動，因此重又鼓起勇氣，率領畬兵，跟隨文天祥、張世傑、陸秀夫等人的勤王義師，到處予入侵元以嚴重的打擊。

　　陳璧娘的「辭郎曲」是這樣寫的：

　　　　丈夫知有宋天王，別我去者海茫茫，
　　　　後有奸宄妾抵擋，且看風霜飛劍芒。
　　　　郎茲行，勿回顧！北風蕭蕭虎門樹，
　　　　傳檄早定潮州路，恢復中原馳露布。
　　　　郎有身，身許國，無以家為仇可復。

> 妾有身，身許郎，勿謂兵氣我不揚！
> 一洗千秋巾幗悲，淚痕烏在血痕在，
> 策郎馬，送郎舟，國恥可雪，妾身何求！

這闋「辭郎曲」，表現了陳璧娘巾幗英雄的豪情。表現了她對丈夫的期望，和對丈夫的仰慕。千百年來，人們對女人總是以弱者看待，總是以「陰人」看待，總是以智能「以淚洗面」的可憐蟲看待。陳璧娘不相信「軍中有婦人，其氣不揚」的妄語，所以便寫出了「勿謂兵氣我不揚」的詩句，陳璧娘為了要洗脫「女人是弱者」，「女人只能以淚洗面」的羞辱，所以便寫出了「一洗千秋巾幗悲，淚痕烏在血痕在」的豪語。這種名句，如果張達讀了，再不感動的話，便枉他身為男子漢了。

張達等的勤王義師，轉戰三年，終於來到了新會的厓山。恰好這時張達的弟弟張格植，有事要到厓門。陳璧娘為了要再激勵張達，便賦了「平元曲」一闋，託張格植帶去給張達。曲辭如下：

> 三年消息無鴻使，咫尺憑誰寄春怨，
> 何不對我張郎西，協義維舟同虎帳。
> 無術平寇報明主，恨身不是奇男子！
> 倘妾當年未嫁夫，願學明妃現胡虜。
> 元人未知肯我許？我能管瑟又能舞。
> 幾回聞難幾瀕死，未審張郎能再覯？

陳璧娘的「春怨」，並不同「春日凝妝上翠樓」的少婦，看到了「陌頭楊柳色」的那種「春怨」，她的春怨，卻是「無術平寇報明主，恨身不是奇男子」的春怨。這等口氣，讀之是多麼令人欽仰呀。厓山一役，南宋滅亡，張達死難，璧娘於取得了丈夫的屍體，回籍安葬後，便粒飯不進，滴水不飲，絕食而死，以殉夫婿。

陳璧娘的節操，後人對她是尊敬的，有許多詩人，以詩來悼念她，表揚

她，這裡錄了一首清朝時代張學舉悼念她的古詩，讓讀者諸君欣賞。

送郎須郎歸，辭郎郎不歸。郎不歸兮可奈何。義徙樹幟郎橫戈。橫戈不復顧伉儷，洲邊一訣明大義。路人環觀為慷慨，是夫婦豈有兒女事！態同憫憫洲之草，悲風生洲樹，天鳥鳴厓門，君臣一爐空！斯人死必為鬼雄，吮血蒲壽庚，塗腦陳宜中，璧娘招魂魂應歸，魂歸澳島何因依？青徑上有丞相塚（指陸秀夫墓）化作孤雲相傍飛。

《華夷通語》中的泉音與漳音

嚴立模[*]

摘　要

　　《華夷通語》是19世紀新加坡出版的閩南語馬來語詞彙集。該書以閩南語為條目，在其下用漢字標註詞目的馬來話發音。這些用來標音的漢字，採用閩南語的音讀。由於閩南語的字音有泉州、漳州諸腔，又有文讀、白話的差異，所以書中用不同的符號來標記。書中有六百多筆資料標明為泉音，四百多筆資料標明為漳音。本文整理這些資料，和漳、泉方言的資料比較，討論其反映的方音現象。同時也順帶討論了書中的一些閩南語詞。

關鍵詞：華夷通語、閩南語、新加坡

---

[*] 國立屏東大學中國語文學系助理教授。

一 前言

《華夷通語》是19世紀新加坡出版的漢語馬來語詞彙集，編者為林衡南。書前有三篇序文，都是光緒九年（1883）所作。序文的作者依序是駐叻領事官左秉隆、幫助校訂的李清輝，以及林衡南的自序。根據三篇序文所敘，這本書的初刻是在光緒三年（1877），書名為《通夷新語》。經過李清輝校正後重刻，更名為《華夷通語》。目前已知的版本是新加坡國家圖書館的藏本，在林衡南的自序署名後有一行字：「庚子年仲夏之月古友軒重刊」。光緒庚子是1900年。

本書作者林衡南（1844-1893）即是經營古友軒的林光銓。他大約1861年從金門至新加坡，看到英國人印刷精美的書籍，心生嚮往，便用了幾個月的時間學習石印技術，後在新加坡開設「古友軒」，從事印刷出版生意，並在1890年創辦《星報》。[1] 《華夷通語》就是由古友軒印刷出版。

《華夷通語》全書共約兩千五百條資料，前面七十三頁按照意義分成二十五類，七十四頁起到書末百十二頁則是分為：單字類、一字類、二字類、三字類、四字類、五字類、長句類。「單字類」是「一間、一痕、一模、一條、一闋」這一類的數量詞，「一字類」以後就是按照字數而不是按照意義分類。

這本書全以漢字書寫，逐條在漢語詞目下用漢字標註馬來話的發音。漢字的發音是閩南語而不是官話。首位由清國直接派駐的駐新加坡領事官左秉隆[2]（1850-1924）為本書所作的序文中說：

---

[1] 呂世聰、林建育：〈魂歸浯江憶古友——關於古友軒及《星報》創辦人林光銓〉，《聯合早報》2022年3月31日，網址：〈https://www.zaobao.com.sg/lifestyle/history-heritage/story20220331-1257829〉，檢索日期：2023年3月16日。

[2] 高嘉謙曾討論左秉隆派駐新加坡期間推動的文學活動及詩作。左秉隆1881-1891擔任三任駐新加坡領事，1907年再度派駐新加坡，1910年任滿後辭職。見高嘉謙：〈帝國、斯文、風土：論駐新使節左秉隆、黃遵憲與馬華文學〉，《臺大中文學報》第32期，2010年6月，頁356-398。

南洋群島舊本巫來由部落，自通商以來，我華人寄居其地者實繁有徒，而閩之漳泉、粵之潮州稱尤盛焉。但其初履異域者，每因言語不通，遂致經營難遂。林君衡南有見於此，爰取巫來由語，註以漳泉潮音，輯成一書，名曰《華夷通語》。

「巫來由」是Melayu的音譯，現在馬來西亞稱呼標準馬來語的正式名稱即是Bahasa Melayu。馬來西亞華語常以「巫裔」稱呼馬來族裔。馬來西亞的一個主要政黨Pertubuhan Kebangsaan Melayu Bersatu，華文媒體或譯為「馬來民族統一機構」，而當地華人習稱之為「巫統」。「巫裔」、「巫統」的「巫」就是「巫來由」的「巫」。本書卷首的〈華夷通語讀法〉，則是以「夷語」或「勿勝油話」來稱呼這種語言。「勿勝油」跟「巫來由」是Melayu的不同譯法，「夷語」就是書名「華夷通語」的「夷」。至於書名中的「華（語）」，左秉隆說是「漳泉潮音」。漳州、泉州、潮州的方言都屬於閩南語。可知標註發音的漢字，是採用閩南語的字音而不是官話音。例如「露」的音是「姆問」，即馬來文embun。「姆問」的閩南音是ḿ-būn，跟馬來話發音相近。如果是mǔwèn，就跟馬來話發音相差較遠。又如「地」馬來話發音「務麵」，閩南音是bū-mī，跟馬來文bumi近似。如果是wùmiàn，就完全不像馬來語的發音。

雖然左秉隆序文中提到「註以漳泉潮音」，但是作者林衡南的〈華夷通語讀法〉用三種不同的記號標記「解說」、「泉音」、「漳音」，「解說」是白話音，「泉音」和「漳音」是方音，惟獨沒有潮州音。林衡南是金門人，對泉音、漳音當有一定程度的接觸了解，但是距離潮州比較遠。〈華夷通語讀法〉提供的聲調系統，是平、上、入分陰陽，去聲不分陰陽的系統，跟現在泉州音的系統相符，而不同於漳州和潮州。漳州的系統是平、去、入分陰陽，上聲只有一種。潮州則是平、上、去、入都分陰陽。因此左秉隆「註以漳泉潮音」可能是想當然耳之誤。

本文的目的，是針對《華夷通語》書中標有泉音及漳音記號的譯音字，跟馬來文對照，以了解其反映的漳、泉方音現象。同時也順帶討論書中的一些閩南語詞。

二　陰聲韻的漳泉對比

（一）泉音-a：漳音-ee

　　漳音有一個韻母/ɛ/是泉音沒有的。在記錄漳州話的麥都思《福建方言字典》中用ay表記。《臺灣閩南語羅馬字拼音方案》則是用ee。漳音-ee的字，泉音一般是-a。《華夷通語》「加」、「雅」、「下」等字都有在不同詞項分別註明是泉音還是漳音的例子。

1　加

　　「加」字泉音ka，漳音kee。用來對譯馬來語音ka或ke的時候標註為泉音。對譯ka的詞目如：

　　「足，加氣」（ka-khì, kaki）

　　「大姊，加甲」（ka-kah, kakak）

　　「斧頭，加巴」（ka-pa, kapak）

　　「霧，加勿氏」（ka-bu̍t-sī, kabus）

　　「面，望加」（bōng-ka, muka）

　　「古書，梭叨流呦加撈」（so-la̍t liû-lú ka-lā, surat dulu kala）

　　「下次，來因加里」（lâi-in ka-lí, lain kali）

　　「棹巾，加因罵唶」（ka-in mē-jiá, kain meja）

　　「鞋，加述」（ka-su̍t, kasut）

　　「燭檯，加氣里憐」（ka-khì lí-lîn, kaki lilin）

　　「襪，沙郎加氣」（sa-lông ka-khì, sarong kaki）

　　「富翁，胡農加野」（ôo-lâng ka-iá, orang kaya）

　　「現今，移爾實加墾」（î-ní ka-lâng, ini sekarang）

　　「鳥籠，申加蘭務朗」（sin-ka-lân bū-lóng, sangkaran burung）

　　「肉桂，加又媽哖」（ka-iū má-nî, kayu manis）

「熨斗，直利加」（tit-lī-ka, terika）

「日落山，申喏加撈」（sin-jiá ka-lā, senja kala）

「番人筆，加覽」（ka-lám, kalam）

「灰，加保」（ka-pó, kapur）

閩南語「灰」（he）是石灰的意思。「番人筆」的馬來文kalam，是一種傳統書寫工具，用蘆葦之類堅硬植物的莖製成，隨著伊斯蘭文化傳到馬來半島、印尼群島等地區。「日落山」（jit-lo̍h-suann）旁有小註「即黃昏時（hông-hun-sî）」，像是馬來文senja kala逐字直譯，senja意為「黃昏」，kala意為「時候」。「熨斗」的馬來語terika是「燙平」。這裡把動詞「燙平」當作名詞「熨斗」來用。

也有一些用「加」的泉音ka來對譯馬來語音ke的例子。如：

「饑荒，務申加撈吧喃」（bū-sin ka-lā pa-lân, musim kelaparan）

「水手，加撈詩」（ka-lā-si, kelasi）

「交椅，加羅詩」（ka-lô-si, kerusi）

「蚊帳，加覽務」（kelambu）

「耳環，加撈務」（ka-lā-bū, kerabu）

「工作，加撈喏」（ka-lā-jiá, kerja）

「臭頭，加吧撈帽踏」（ka-pa-lā bōo-ta̍h, kepala botak）

「頭髮䉽（即髮內穢塵也），加吚毛」（ka-lú-môo, kelemumur）

「頭髮䉽」也就是頭皮屑，閩南語說「thâu-phoo（頭麩）」。「臭頭（tshàu-thâu）」閩南語有「癩痢頭」或「禿頭」的意思，對譯的馬來語kepala botak意思是禿頭。

「加」偶有標註為漳音的，如「笒匣，加民」（kee-bîn, kabin）、「貴幹，亞把加㨪」（a-pá kee-ba̍t, apa khabar）。「笒匣」《臺日大辭典》作「密閉

（bâ-lî），意思是船上的客艙。[3] 這兩個詞目的「加」字都對譯馬來語音ka，應該用泉音ka來對譯才符合，卻標註漳音kee，似乎有誤。

2 家

「家」字泉音ka，漳音kee。對譯馬來語音kai或ki時標註為漳音kee。例如：

「完餉，埋悅朱家」（bâi-ia̍t tsu-kee, bayar cukai）

「收餉人，胡聲直里嗎朱家」（ôo-lâng lí-má tsu-kee, orang terima cukai）

「釘鍊，把家蘭地」（pá-kee lân-pakai rantai）

「裁奪，俾家蘭」（pī-kee-lân, pikiran /fikiran）

「俾家蘭」對譯馬來語音pikiran，馬來語pikir在別的詞目也出現過，kir都譯為「吉」字的漳音kit。如「猜度，亞迓俾吉蘭」（a-gà pī-kit-lân, agak pikiran [fikiran]）、「仔細想，卑吉埋埋」（pi-kit bâi bâi, pikir [fikir] baik baik）都是如此，跟「俾家蘭」用kee來對譯ki不同。

3 夏

「夏」字泉音hā，漳音hēe／ēe。用泉音hā來對譯馬來語音的ha，如：

「大腿，吧夏」（pa-hā, paha）

「日，夏利」（hā-lī, hari）

「是日，依爾夏利」（i-ní hā-lī, ini hari）

「中午，丁亞夏利」（ting-a hā-lī, tengah hari）

「禮拜日，夏厘麪遇」（hā-lî mī-gū, hari minggu）

「禮拜五，夏厘里嗎」（hā-lî lí-má, hari lima）

---

3 小川尚義等編：《臺日大辭典（下卷）》（臺北：臺灣總督府，1932年），頁542。

「後日勿與人滋事,來因夏厘嚷亞三滿[4]胡聲末結倈」(lâi-in hā-lî jiáng-a sam-muá ôo-lâng buat-kiat-lâi, lain hari jangan sama orang berkelahi)

「日,馬罩夏利」(má-tà-hā-lī, matahari)

「日出,馬礁夏利骨嘓」(má-ta-hā-lī kut-luā, matahari keluar)

「日落,媽礁夏利廚喻」(má-ta-hā-lī tû-lûn, matahari turun)

「天尺,陣夢嗎礁夏里」(tīn-bāng má-ta-hā-lí, timbang matahari)

「日,夏利」和「日,馬罩夏利」閩南語都是「日」,但是對應的馬來文意思不同,hari是日子、日期,matahari是太陽。「後日勿與人滋事」的「後日(āu-jit)」是「日後」的意思。「天尺(thinn-tshioh)」是經緯儀,對照的馬來文timbang matahari字面直譯是意義不明的「稱重太陽」。

《華夷通語》在〈時令類〉有「後日,哆沙」(lú-sa, lusa)和「大後日,誅叺」(tu-lat, tulat),是「後天」和「大後天」的意思。而「後日必來」和「後日勿與人滋事」的「後日(āu-jit)」,是「他日」的意思。這兩條的「後日」所指的意思不同。

4 下

「下」字泉音hā,漳音hēe／ēe。用來對譯馬來語音的ha時標註泉音hā。但這個字很少用,馬來語音ha多數是用閩南語跟「下」字同音的「夏」字來對譯。標註為泉音的「下」字,只有兩條用「下厘」的泉音hā-lî對譯馬來語音hari的:

「今日何為,沙誅下厘末亞把」(sa-tu hā-lî buat-a-pá, satu hari berapa)

「後日必來,來因下厘珍誅撈重」(lâi-in hā-lî tin-tu lā-tāng, lain hari tentu datang)

---

4 原文從口從滿。《華夷通語》用來表音的口字旁的漢字,有些是臨時生造無法打字。本文省略這些打不出來的字的口字旁,並加註腳說明。

《華夷通語》中hari出現在許多語詞中，只有這兩個同屬「四字類」的句子用「下厘」，其他的地方都是用「夏厘」或「夏利」。「後日必來」和前面「後日勿與人滋事」的「後日（āu-jit）」，都是「他日」，對照的馬來文lain hari直譯是「另一天」，不是「後天」的意思。表示「後天」的「後日āu--jit」，「日」字輕讀，「後」字是本調。而表示「他日」的「後日」，「日」字是本調，「後」字是變調。兩種意思的「後日」，書面用漢字寫的時候是同一個形式。但是在口語中聲調不同。

「下」字有一個詞語標註為漳音的：

「出水痘，骨嘲者者亞下」（kut-luā tsiá-tsiá a-ēe, keluar cacar air）

是用「亞下」的漳音a-ēe來對譯馬來語音air。

5 查

「查」字泉音tsa，漳音tsee。用來對譯馬來語音ca的時候標註為泉音tsa，如：

「稀（俗曰稼稼），查逸」（tsa-iat, cair）
「爭訟，密查喇」（bit-tsa-lâ, bicara）
「審案，不力沙密查喇」（put-lik-sa bit-tsa-lâ, periksa bicara）
「憑據，丹撈勃查野」（tan-lā pùt-tsa-iá, tanda percaya）

「稀」小註「稼稼」（kà-kà）是水分太多的意思。臺灣教育部《臺灣閩南語常用詞辭典》作「㴘」[5]。

---

[5] 《臺灣閩南語常用詞辭典》，網址：〈https://twblg.dict.edu.tw/holodict_new/〉，檢索日期：2023年3月16日。

6 迓

「迓」字泉音gà，漳音gēe。用泉音gà來對譯馬來語音ga。例如：

「水瓢，迓庸」（gà-iông, gayung）

「銅，淡媽迓」（tām-má-gà, tembaga）

「象，迓嗏」（gà-jiá, gajah）

「龍，那迓」（ná-gà, naga）

「當（典同），迓黎」（gà-lē, gadai）

「貿易，麵亞迓」（mī-a-gà, meniaga）

「橫惡，迓壟」（gà-lâng, garang）

「辛金，鈁迓二」（huáng gā-jī, wang gaji）

「檨仔，龐迓」（bâng-gà, mangga）

「檨仔（suāinn-á）」是芒果的閩南語。「辛金」即「薪金」（sin-kim）。「橫惡（huâinn-ok）」是蠻橫凶惡的意思，《臺日大辭典》的注音是hîng-ok[6]。

7 牙、呀

《華夷通語》用許多口字旁的漢字來表音。[7]「呀」字就是「牙」字加上口字旁的表音字。「牙」、「呀」兩個字同音，都是泉音gâ，漳音gêe。「牙」和「呀」在《華夷通語》中都是用泉音gâ來對譯馬來語音ga。但是這兩個字用例很少，書中大多用「迓」字來對譯ga。「牙」字和「呀」字的例子只有：

「自顧，惹呀利利」（jiá-gâ lī-lī, jaga diri）

「猴枣子，美兒牙柔」（bí-jî gâ-jiû, biji gajus）

6　小川尚義等編：《臺日大辭典（下卷）》（臺北：臺灣總督府，1932年），頁630。

7　李如龍已經指出這一點，並舉了五十多個例子。見李如龍：〈華夷通語研究〉，《方言》1998年第2期，1998年5月，頁113。

「土茯苓，牙朗」（gâ-lóng, gadung）

「白茯苓，牙朗飽低」（gâ-lóng pû-te, gadung putih）

馬來語gadung是白薯莨，跟土茯苓不同。可能馬來話中沒有土茯苓和白茯苓，而用類似的植物名稱取代。「猴枣子」不知何謂，對照的馬來語注音「美兒牙柔」發音像是biji gajus，意思是「腰果仁」。「猴枣子」條目旁邊還有小字註明「猴枣曰務畫牙柔」，「務畫」是馬來文buah，buah gajus意思是「腰果果實」。「猴枣子」在〈菓子類〉，前後的詞項是「奈仔勃」（即「林仔菝」nâ-á-pu̍t，番石榴）和「芎蕉」（即「弓蕉」king-tsio，香蕉），都是水果。「腰果」夾雜其中，而且特意分別「果仁」和「果實」，令人費解。《閩南方言大詞典》有「猴棗」一詞，是廈門、漳州方言，意思是「舊時民間稱猴的結石症」[8]，是一種戲謔的講法。猴的結石症跟《華夷通語》水果類的「猴枣子」、「猴枣」顯然沒有什麼關係。《新加坡閩南話詞典》也有收「猴棗」，解釋是「一種棗子，可入藥」[9]，引用的就是《華夷通語》這一條，但是並沒有更多的說明。

（二）泉音-ir：漳音-u

1 思

「思」字泉音sir，漳音su。用漳音su對譯馬來語音su，如：

「笛，思林」（su-lîm, suling）

「疊，思巡」（su-sûn, susun）

「量，思葛」（su-kat, sukat）

---

[8] 周長楫主編：《閩南方言大詞典》（福州：福建人民出版社，2006年），頁282。

[9] 周長楫、周清海編：《新加坡閩南話詞典》（北京：中國社會科學出版社，2002年），頁48。

「洋綢傘，把庸思直撈」（pá-iông su-tit-lā, payung sutera）

「南方，思勝旦」（su-lâ-tàn, selatan）

「心憂，亞治思沙」（a-tī su-sa, hati susah）

「假，吧律思」（pa-lu̍t-su, palsu）

「假誓，孫吧吧律思」（sun-pa pa-lu̍t-su, sumpah palsu）

「頭胎子，安那思朗」（an-ná su-lóng, anak sulung）

「頭胎子」的馬來文anak sulung是最年長的子女。「假誓」的馬來文sumpah palsu有偽證的意思。

「思」字漳音su也用來對譯馬來語saudara的第一個音節sau，如：

「兄弟，思撈撈」（su-lā-lā, saudara）

「堂兄弟，思撈撈涉飽富」（saudara sepupu）

「姑丈，撈基媽思撈撈」（lā-ki, laki mak saudar）

「姑娘，媽思勝撈（母妗同稱）」（mak saudara）

「姪兒，安那思撈撈（外甥亦仝）」（anak saudara）

2 㕭

「㕭」是《華夷通語》常見的字，當是借「汝」字的音。「汝」字泉音lír，漳音根據麥都思《福建方言字典》，有jí、lí、lú三個音。[10]代表漳州音的《彙集雅俗通十五音》也是收錄這三個音，其中lú音下註「海上腔」。「㕭」字絕大多數標註為漳音，用來對譯馬來語音lu、luh、du、ru、ruh、ju，應當就是「海上腔」的lú音。

「㕭」標註為漳音lú，對應馬來語音lu的，如：

---

10 Walter Henry Medhurst, *A dictionary of the Hok-këèn dialect of the Chinese language* (Macao: Honorable East India Company's Press., 1832), p.281, 433, 471.

「從前，流呼」（liû-lú, dulu）

「屢次，實撈呼」（sit-lā-lú, selalu）

「目眉，務呼干冷」（bū-lú kan-líng, bulu kening）

「膝頭，呼突」（lú-tu̍t, lutut）

「羞愧，馬呼」（má-lú, malu）

「跪，勿呼突」（berlutut）

「爾的，呼本嶺」（lú pún-niá, lu punya）

「畫工，廚江呼基」（tû-kang lú-ki, tukang lukis）

「太重，直撈呼勿叻」（tit-lā-lú bu̍t-la̍t, terlalu berat）

「雞毛掃，杀浮務呼亞奄」（sat-phû bū-lú a-iám, sapu bulu ayam）

「受傷，干那呼加」（kan-ná lú-ka, kena luka）

「呼」漳音lú對譯馬來語音luh的，主要是數字。例如：

「十，習唔呼」（sip-phû-lú, sepuluh）

「二十，嚹唔呼」（luā phû-lú, dua puluh）

「三十，知迓唔呼」（ti-gà phû-lú, tiga puluh）

「四十，諳拔唔呼」（am-pua̍t phû-lú, empat puluh）

「五十，里嗎唔呼」（lí-má phû-lú, lima puluh）

順序下去一直到「九十」都是用「唔呼」來對譯馬來語的puluh。唯獨「十，習唔呼」一條遺漏了漳音的標記。

「呼」的漳音lú也用來對譯馬來語音du。這是因為閩南語的l實際音值接近d。如：

「胆，庵勃呼」（empedu）

「兵卒，梭撈呼」（so-lā-lú, soldadu）

「聽訟，寧眼問唯呼」（lîng-gán mñg-ngá-lú, dengar mengadu）

「火閛樹，報閣署呋署呋」（pò-koh sú-lú-sú-lú, pokok sudu-sudu）

「火閛（hé-hāng）」是仙人掌的意思，《英廈辭典》作「火項」[11]，《臺日大辭典》作「火薨」，或稱為「火薨刺（hé-hāng-tshì）」[12]。

「呋」漳音lú對譯馬來語音ru的詞語很多，如：

「新，峇呋」（bâ-lú, baru）
「話明，食鴿直呋氏」（tsiàh-kap tit-lú-sī, cakap terus）
「毒瘡，鉋呋」（pû-lú, puru）
「樟腦，加褒峇呋」（ka-po bâ-lú, kapur barus）
「藍色，胡腀那美呋」（ôo-lûn-ná bí-lú, warna biru）
「鹿，呋沙」（lú-sa, rusa）
「先生（即師傅），遇呋」（gū-lú, guru）
「通事，柔呋峇沙」（jiû-lú-bâ-sa, jurubahasa）
「銃子，勃嘮呋」（pùt-lô-lú, peluru）
「簸箕，耳呋」（ní-lú, nyiru）
「更寮，呋罵嗌迓」（lú-mā jiá-gà, rumah jaga）
「蝕[13]，呋宜」（rugi）

閩南語「蝕（sih）」是減少的意思，如虧本叫做「蝕本（sih-pún）」，馬來語rugi就是虧損的意思。「更寮（kinn-liâu）」是守夜的小屋，馬來文rumah jaga是崗哨的意思。「簸箕（puà-ki）」也就是畚斗。「銃子（tshìng-tsí）」是子彈的意思。「通事（thong-sū）」是翻譯員的意思。

「呋」漳音lú也有零星的對譯ruh和ju的例子：

---

[11] J. Macgowan, *English and Chinese dictionary of the Amoy dialect* (Amoy: A. A. Marcal, 1883), p.52.

[12] 小川尚義等編：《臺日大辭典（下卷）》（臺北：臺灣總督府，1932年），頁757。

[13] 「蝕」原誤作「飿」。

「差，須呅」（su-lú, suruh）

「武官，呀呅勃釐」（gâ-lú pùt-lâng, aju perang）

閩南語「差（tshe）」是命令、差遣的意思。

「呅」字標為泉音的只有「船政類」的一個詞：

「波邊，謀呅」（môo-lír, mulut）

用泉音lír對譯馬來語音lut。馬來語mulut是嘴的意思，也指口狀物。「波邊」既是「船政類」，也許就是「波邊空（po-pinn-khang）」，即排水孔的意思。mulut這個詞在《華夷通語》中，除了「波邊」這個詞以外，都作「毛律（môo-lùt）」。例如：

「口，毛律」（môo-lùt, mulut）
「人中，亞老毛律」（a-ló môo-lùt, alur mulut）
「港口，毛律卦撈」（môo-lùt kuà-lā, mulut kuala）
「口啞，毛律微署」（môo-lùt bî-sú, mulut bisu）
「反口供，峇力毛律」（bâ-làt môo-lùt, balah mulut）

這些語詞都是用「律（lut）」來對譯馬來語音lut，為何「謀呅」特地標註「呅」是泉音lír，而不是像出現「呅」字的那些數詞，用漳音的lú？很可能這個泉音的標記是錯誤的，應該標註為漳音才對。

3　呂

「呂」字泉音lír，漳音lī，廈門音lū。《華夷通語》全書兩見，都標註為漳音，對應的馬來語音節是lu：

「桶盤，呂弄」（lū-lāng, dulang）

「銅盤，呂弄淡媽迓」（lū-lāng tām-má-gà, dulang tembaga）

「呂」漳音是 lī，不可能對譯馬來語的音節 lu。如果不是標註有誤，就是作者認為廈門音也屬於漳音。

4 渠

「渠」字泉音 kîr，漳音 kî，廈門音 kû。用廈門音 kû 對譯馬來語音 ku，但是標註為漳音。跟「呂」字一樣，不是標註有誤，就是把廈門音歸屬於漳音。例如：

「擔保，亞渠」（a-kû, aku）

「釘，葛多把渠」（kat-to pá-kû, katuk paku）

「蒸囊，渠舊山」（kû-kū-san, kukusan）

「蒸桶，統渠舊山」（thóng kû-kū-san, tong kukusan）

「蒸桶」就是「炊桶 tshe-tháng」，用來蒸飯的容器。「蒸囊」就是「蒸籠」，「囊」和「籠」閩南語同音 lông。對應的馬來語 kukusan 即蒸籠的意思。

（三）泉音 -u：漳音 -i

1 遇

「遇」字泉音 gū，漳音 gī。對譯馬來語音 gu 時用泉音 gū。如：

「先生（即師傅），遇吺」（gū-jú, guru）

「鼻水，榮遇氏」（îng-gū-sī, ingus）

「大麥，直里遇」（tit-lí-gū, terigu）

「椰糖，遇撈廚活」（gū-lā tû-uàh, gula tuak）

「布袋鼠，江遇呦」（kang-gū-jú, kanggaru）

「齒岸，遇詩」（gū-si, gusi）

「嘴下斗，撈遇」（lā-gū, dagu）

「塗庫，遇壟」（gū-lâng, gulang）

「塗庫（thôo-khòo）」的馬來文gulang是草棚或小茅屋的意思。「嘴下斗（tshuì-ē-táu）」是下巴。「齒岸（khí-huānn）」是牙齦。「布袋鼠（pòo-tē-tshú）」就是袋鼠（tē-tshú）。「椰糖（iâ-thn̂g）」是南洋傳統的食用糖，提煉自椰子花的汁液。

2 署

「署」字泉音sū，漳音sī。對譯馬來語音su時標註泉音sū。例如：

「牛乳，署署腀務」（sū-sū lûn-bū, susu lembu）

「繡花司阜，廚江署覽」（tû-kang sū-lám, tukang sulam）

「司阜（sai-hū）」是手藝精良的人，現代通常寫作「師傅」。「司阜」當是閩南傳統的寫法。《華夷通語》有「繡花司阜」、「染布司阜」、「蒸酒司阜」、「澆燭司阜」，還有「裁縫司」、「箍桶司」、「剃頭司」、「油漆司」、「作麵包司」、「印字司」，「師阜」或「司」都是有專門技藝的人。麥嘉湖《英廈辭典》有時作「司阜」有時作「司傅」，例如workman是「司傅（sai-hū）」，masterly是「有司阜（ū-sai-hū）」，sai-hū的sai都是用「司」字，而hū用了不一致的漢字。《臺日大辭典》有二十多個包含sai-hū的詞目，一律寫作「司阜」。如「司阜（sai-hū）」、「木司阜（ba̍k sai-hū）」、「裁縫司阜（tshâi-hông sai-hū）」、「刻花司阜（khik-hue sai-hū）」、「箍桶司阜（khoo-tháng sai-hū）」、「染布司阜（ní-pòo sai-hū）」、「打銀司阜（phah-gûn sai-hū）」、「木司阜（ba̍k sai-hū）」、「瓷司阜（huî sai-hū）」、「曲司阜（khik sai-hū）」、「轎司阜（kiō sai-hū）」、「司阜工（sai-hū-kang）」、「司阜步（sai-hū-pōo）」等。

3 誅

「誅」字泉音tu，漳音ti。泉音tu用來對譯馬來語音tu。如：

「一員銀，沙誅寧吃」（sa-tu lîng-git, satu ringgit）

「大後日，誅叻」（tu-la̍t, tulat）

「寫，誅利氏」（tu-lī-sī, tulis）

「換，誅葛」（tu-kat, tukar）

「呂宋煙，朱律誅」（tsu-lu̍t-tu, cerutu）

「霜，亞逸峇誅」（a-it bâ-tu, air batu）

閩南語「霜（sng）」和馬來語air batu都有冰塊的意思。但是這個詞收在「天文類」，所以應該是指自然界的霜雪而不是人造的冰塊。「呂宋煙」（Lū-sòng hun）根據《英廈辭典》是雪茄的意思，[14] 跟《華夷通語》的馬來語相符合。

4 須

「須」字泉音su，漳音si。泉音su用來對譯馬來語音su，如：

「喜，須甲」（su-kah, suka）

「已經，須搭」（su-tah, sudah）

「艱辛，須沙」（su-sa, susah）

《華夷通語》書中另有兩個「須」字標註漳音的地方，但也是對譯馬來語音su，應當是誤標。這兩個詞項是：

「我不好食牛肉，賽耶搭須甲媽干勝迎膦務」（sài-iâ tah su-kah má-

---

[14] J. MacGowan, *English and Chinese dictionary of the Amoy dialect* (Amoy: A. A. Marcal, 1883), p.65.

kan lâ-gîng lûn-bū, saya tak suka makan daging lembu）

「一須久，須久寧吃」（su-kú lîng-git, suku ringgit）

馬來語suku是貨幣的單位，等於1/4零吉（ringgit）。

5 羽

「羽」字泉音ú，漳音í。泉音ú對譯馬來語音u或hu。對譯u的如：

「天氣，羽撈撈」（ú-lā-lâ, udara）

「歲，羽毛」（ú-môo, umur）

「蛇，羽撈」（ú-lā, ular）

「虫，羽叻」（ú-la̍t, ulat）

「味好，峇羽埋奕」（bâ-ú bâi-ik, bau baik）

「失味，翳聾峇羽」（ì-lâng bâ-ú, hilang bau）

「幼蝦仔，羽壟務撲」（ú-lâng bū-bo̍k, udang bubuk）

「幼蝦仔（iù-hê-á）」是小型的沼蝦。「失味（sit-bī）」是味道消失了、沒有味道。

對譯馬來語音hu的如：

「雨，羽然」（ú-jiân, hujan）

「肩頭，峇羽」（bâ-ú, bahu）

「深山，羽丹林峇」（ú-tan lîm-bâ, hutan rimba）

「山雞，亞奄羽旦」（a-iám ú-tàn, ayam hutan）

「深山（tshim-suann）」和「山雞（suann-kue）」的「山」，都用來對譯馬來語hutan。hutan是森林的意思，hutan rimba意思是是極大的森林，rimba的意思就是叢林。「山」和「森林」意思似乎不同。但是漢語自古有「山林」一

詞，閩南語也有「深山林內（tshim-suann nâ-lāi）」的講法，當是從漢語普遍使用的「山林」擴充而來。「山」和「林」常常一起出現，所以用「山」來翻譯馬來語的「林」，就漢語的思維是可以成立的。馬來語ayam hutan是野生雞的總稱，而「山雞」只是ayam hutan字面上的翻譯。

（四）泉音-ue：漳音-e

1 雞

「雞」字泉音kue，漳音ke。標註漳音ke時對譯馬來語音ke、kih、kai，例如：

「牛乳餅，雞柔」（ke-jiû, keju）

「丁香，武啞振雞」（bú-ngá tsín-ke, bunga cengkih）

「西瓜，文爾雞」（bûn-ní-ke, mendikai）

「使用，把雞」（pá-ke, pakai）

有的詞項中「雞」字沒有標註是泉音或漳音。因為都是對譯馬來語音kai、ki，所以應當也是漳音ke。例如：

「用，把雞」（pá-ke, pakai）

「須用，麵西把雞」（mī-si pá-ke, mesti pakai）

「能用否，某禮把雞搭某禮」（bóo-lé pá-ke tah bóo-lé, boleh pakai tak boleh）

「不能用，搭某禮把雞」（tah bóo-lé pá-ke, tak boleh pakai）

「合用否，吧嚕把雞搭亞」（pa-lân pá-ke tah a, padan pakai tak ada）

「任爾裁奪，實撈哎本嶺俾雞蘭末」（sit-lā lú pún-niá pī-ke-lân buàt, sila lu punya pikiran buat）

「能曉思，兜俾雞蘭」（tau pī-ke-lân, tahu pikiran）

這些例子都是「把雞」對譯pakai,「俾雞蘭」對應pikiran。pikiran就是fikiran,是思想、想法、意見的意思。「能曉（uē-hiáu／ē-hiáu）」在閩南語是知道、懂得的意思,現在一般都寫「會曉」。但是《臺日大辭典》和《華夷通語》一樣,是作「能曉」[15],應該是閩南語傳統的書寫習慣。

2　賣

「賣」字泉音bué,漳音bé。有一個標註為漳音bué,對譯馬來語音bai的例子：

「招,南賣（手招也）」（lâm-bē, lambai）

用漳音的音節be對譯馬來語yik的音節bai,就跟「雞」字ke對譯馬來語音kai的現象平行,都是用元音e對譯ai。

三　鼻化韻的泉漳對比

閩南語有口元音和鼻化元音的對比,韻母是鼻化元音的時候,聲母也會鼻化。所以傳統的十五音系統的韻書,「門」字頭包含羅馬拼音的b-和m-,「柳」字頭包含l-和n-,「語」字頭包含g-和ng-。《臺灣閩南語羅馬字拼音方案》承襲白話字的習慣,把鼻化的音節用不同的聲母來標示,而省略韻母鼻化的標示。例如[mã]的音是寫ma而不是寫bann或mann,[nã]是寫na而不是lann或nann,[ŋã]的音是寫nga而不是gann或ngann。

15　小川尚義等編：《臺日大辭典（上卷）》（臺北：臺灣總督府,1931年）,頁157。

（一）泉音-ann：漳音-eenn

1 罵

「罵」字泉音mà，漳音mēe。這個字有時候標註為泉音，有時候標註為漳音。標註泉音的就是用「呦罵」(jú-mà)對應馬來語rumah（屋）。「呦」標註漳音、「罵」標註泉音。《華夷通語》有十幾條包含「呦罵」的短語。如：

「屋，呦罵」（jú-mā, rumah）

「廳，丁亞呦罵」（ting-a jú-mā, tengah rumah）

「回家，鮑人呦罵」（pû-lâng jú-mā, pulang rumah）

「醫院，呦罵沙吉」（lú-mā sa-kit, rumah sakit）

「衙門，呦罵蜜查勝」（jú-mā bit-tsa-lâ, rumah bicara）

「差館，呦罵把喪」（tshe-kuán, rumah pasung）

「差館」一詞源自香港的粵語，對應的馬來文rumah pasung意思就是警察局。「衙門（gê-mn̂g）」是政府機構，對應的馬來文rumah bicara 現在是會議廳的意思。但是如果就字面的意義，bicara有討論的意思，也有訴訟、審判的意思。詞訟正是衙門的重要職掌。

「罵」標註漳音時，絕大多數是用在「罵撈（mēe-lā）」對譯merah，用漳音mēe對應馬來語音me。例如：

「紅色，胡腦那罵撈」（warna merah）

「朱色，罵撈大」（merah tua）

「紅布，加因罵撈」（kain merah）

「花紅，武㕿罵撈」（bunga merah）

「洋紅，罵撈習棒」（merah sepang）

「蔥頭，峇菀罵撈」（bawang merah）

「小紅蟻，孫勿罵撈」（semut merah）
「紅鱸魚，夷干罵撈」（ikan merah）

「朱色（tsu-sik）」的馬來文merah tua意思是「深紅色」。「花紅（hue-âng）」是紅底白色花樣的布，馬來語bunga merah就是「花紅」直譯。bunga是花的意思，也是花紋、花樣的意思。「洋紅」對應的馬來文merah sepang是深紅色，sepang就是蘇木，可以提取紅色染料，顏色介於紅色和紫色之間。「蔥頭（tshang-thâu）」的馬來文bawang merah是紅蔥頭的意思。「紅鱸魚（âng-tsau hî）」是銀紋笛鯛。對譯的馬來文ikan merah可以是鯛魚或鱸魚。

《華夷通語》標註漳音的「罵」字，只有一處不是「罵撈」，而是用mēe對譯馬來語音mai：

「鬧熱，南罵」（lâm-mēe, ramai）

閩南語「鬧熱（lāu-jia̍t）」是「熱鬧」的意思，詞序跟華語相反。

2　唯、雅

「唯」字是「雅」加上口字旁的表音字，跟「雅」同音，都是泉音ngá，漳音ngée。在《華夷通語》中大多數標註泉音ngá，對譯馬來語音nga。對譯同一個詞有時會出現兩種加口字旁和不加口字旁兩種形式。例如：

「花矸，務庸武唯」（bū-iông bú-ngá, buyung bunga）
「茇荖花，武雅吧撈」（bú-ngá pa-lā, bunga pala）

同樣對譯馬來語bunga，有「武唯」和「武雅」兩種寫法。「花矸（hue-kan）」意思是花瓶。「茇荖花」在藥材類，「茇荖」對應的馬來文pala是肉豆蔻。肉豆蔻英文叫做nutmeg，19世紀麥嘉湖的《英廈辭典》nutmeg一詞的廈

門話有「荖孝」（lāu-hàu）的記載。[16]肉豆蔻是一種藥材，在中世紀的歐洲也是名貴的香料。

《華夷通語》書中「雅」字出現的次數不多，通常是用「嗱」字。用「嗱」的泉音ngá對譯馬來語音nga的例子，如：

「獅，詩嗱」（si-ngá, singa）
「讀書，問嗱二」（mn̄g-ngá-jī, mengaji）
「訴口供，問嗱呅」（mn̄g-ngá-jú, mengadu）
「花布，加因武嗱」（ka-in bú-ngá, kain bunga）
「八角，武嗱老王」（bú-ngá láu-uâng, bunga lawang）

「八角（pueh-kak）」是八角茴香（pueh-kak huê-hiong）的果實，可以作藥材也可以作香料。《華夷通語》歸在「藥材類」。八角又名「大茴（tuā-huê/tāi-huê）」或「大茴香（tāi-huê-hiong）」。藥材名稱「茴香（huê-hiunn /huê-hiong）」可以指「大茴」或「大茴香」也可以指「小茴（sió-huê）」或「小茴香（sió-huê-hiong）」。「大茴香」和「小茴香」是兩種不同植物的果實。明清之際名醫汪昂《本草備要・草部・茴香》說：「大如麥粒，輕而有細稜者名大茴，出寧夏。他處小者名小茴。自番舶來，實八瓣者，名八角茴香。」[17]就把「大茴」、「小茴」、「八角茴香」放在同一條。「八角」馬來文bunga lawang的bunga是「花」的意思。

「武嗱」（bunga）《華夷通語》的「花木類」中有十三個，其中十二個都標註為泉音ngá，只有「蚋花，武嗱來野」（bú-ngá lâi-iá, bunga raya）遺漏沒有標註。bunga raya是大紅花（tuā-âng-hue），即紅色的扶桑花。MacGowan的《英廈辭典》有「紅佛桑（âng-hu̍t-song）」、「白佛桑（pe̍h hu̍t-

---

[16] J. Macgowan, *English and Chinese dictionary of the Amoy dialect* (Amoy: A. A. Marcal, 1883), p.346。nutmeg的廈門話有荖孝lāu-hàu、肉蔻jio̍k-khòo、豆蔻tōo-khòo三種說法。

[17] 〔清〕汪昂著，洪淵重校：《增批本草備要》（上海：廣益書局，1947年），頁87。

song）」，都是木槿屬的植物。[18]《臺日大辭典》也有收「佛桑花（hut-song-hue）」，解釋就是扶桑花。[19]至於大紅花為何稱為「蚋花」，由來待考。

「雅」標註為泉音ngá時也有對譯馬來語音ngah、ngak、nger，如：

「中，丁雅」（ting-ngá, tengah）
「齒牙不全，宜義羅雅」（gî-gī lô-ngá, gigi rongak）
「識，馬雅知」（má-ngá-ti, mengerti）
「不識，搭馬雅知」（tah má-ngá-ti, tak mengerti）

「雅」標註漳音ngée時則對譯馬來語音ngai，只有兩個例子：

「港，思雅」（su-ngée, sungai）
「內港，撈覽思雅」（lā-lám su-ngée, dalam sungai）。

「雎」漳音ngée對譯馬來語音ngai的一樣很少，只有兩個「埠頭類」的地名：

「十八間前，直備喪雎」（Tit-pī Song-ngée, Tepi Sungai）
「淡水港，干弄加轆舞喪雎」（kan-lāng ka-la̍k-bú song-ngēe, Kandang Kerbau Sungai）

另外有兩個詞項「雎」字同時標註漳音和入聲，ngée念成入聲就是ngeeh。對應的馬來語音是ngit和ngi：

「天，壟雎」（lâng-ngeeh, langit）
「虹，勃壟雎」（pu̍t-lâng-ngeeh, pelangi）

---

[18] J. Macgowan, *English and Chinese dictionary of the Amoy dialect* (Amoy: A. A. Marcal, 1883), p.178.
[19] 小川尚義等編：《臺日大辭典（下卷）》（臺北：臺灣總督府，1932年），頁707。

四　陽聲韻的泉漳對比

（一）泉音 un：漳音 in

1 云

「云」字泉音ûn，漳音în。只見於「云洞」一詞，「云」字標註泉音ûn，用來對譯馬來語音un。例如：

「趁，云洞」（ûn-tōng, untung）

「得利，勝叫云洞」（lā-pat ûn-tōng, dapat untung）

「發財，云洞鈁」（ûn-tōng huáng, untung wang）

「大發財，云洞勿杀」（ûn-tōng bùt-sat, untung besar）

「得失總由天，哎宜云洞三嘴勝里緞亞撈」（lú-gî ûn-tōng sam-muá lâ-lí tuān a-lā, rugi untung semua dari Tuan Allah）

「命運亨通得利自然易，那習埋申釐云洞鈁」（ná-sip bâi sin-lâng ûn-tōng huáng, nasip baik senang untung wang）

「趁（thàn）」閩南語是「賺」的意思，馬來語untung意思是利潤。「得利（tik-lī）」、「發財（huat-tsâi）」、「得失（tit-sit）」都是《臺日大辭典》有收錄的詞項。「得失」的意思是「得利和損失」。跟意思是「得罪」的「得失（tik-sit）」在口語中有區別。

（二）泉音 irn／un：漳音 in

《臺灣閩南語羅馬字拼音方案》的韻母-irn相當於國際音/in/。這是泉音特有的韻母。這個韻母用來對譯馬來語音en。馬來語en的元音是中央元音/ə/。泉音īrn的元音是高央元音/ɨ/，ūn的元音是高後元音。而漳音īn的元音/i/

是高前元音。不管是泉音還是漳音,都是高元音,不同於馬來語的中元音。不過從舌位的前後來看,泉音/i/和馬來語音/ə/都是央元音,不同於漳音/i/的前元音。所以馬來語音en使用泉音īrn來對譯,會比漳音īn較為接近,但是發音還是不太一樣。

1 銀

「銀」字泉音gîrn或gûn,漳音gîn。標註泉音gîrn／gûn時對譯馬來語音gen、gem、gun、gon。馬來語音gen、gem跟泉音gîrn比較接近,而gun、gon跟gûn比較接近。不過使用這本書的人,並不會知道應該用gîrn還是gûn,才比較接近該詞項的馬來語音。

標註為泉音的「銀」字如果是念gûn,正好對譯馬來語音gun。例如:

「剪刀,銀丁」(gûn-ting, gunting)

「山嶽,銀朗」(gûn-lóng, gunung)

「起,蚊銀」(báng-gûn, bangun)

「誑頭,荷末銀那」(o-bua̍t gûn-ná, ubat guna)

「妾氏,銀力」(gûn-lik, gundik)

「妾氏」的「銀」字沒有標註是泉音還是漳音。但是對譯馬來語音節gun,所以可以斷定是泉音的gûn。「誑頭(kōng-thâu)」就是「降頭」,對應的馬來文guna和ubat都有咒文或符咒的意思。「起,蚊銀」的「起」,是「起立」、「起身」的「起」。

對譯馬來語音gon的「銀」字,也都標註是泉音,應該也是讀作圓唇的gûn音。例如:

「仰光,兩銀」(liáng-gûn, Yangon)

「安南,西銀」(sai-gûn, Saigon)

「勳,銀漳」(gûn-tsiang, goncang)

「和尚頭，角拋撈銀律」（kak-pha-lā gûn-lu̇t, kepala gondol）

「和尚頭（hê-siūnn-thâu）」的馬來文是禿頭的意思。「安南」的馬來文Saigon是西貢，兩者範圍不同。

「銀」字用來對譯馬來語音gen、geng或gem的時候，就比較混亂，有的標註泉音gîrn，有的標註漳音gin，有的沒有標註泉音或是漳音。

（1）「銀」字標註為泉音：

「一手捻，沙誅銀嗆[20]」（sa-tú gîrn-gǎm, satu genggam）
「肥地，丹那銀吒[21]」（tân-ná gîrn-mooh, tanah gemuk）

（2）「銀」字標註為漳音：

「唇瓦，銀丁」（gîn-ting, genting）

（3）「銀」字未標註：

「帕（包物），銀哢」（gîrn/gin-lōng, gendong）

接下來的「近」字和「根」字也有類似的泉音、漳音標註不一致的現象。

2 近

「近」字泉音kīrn／kūn，漳音kīn。「近」字在《華夷通語》中只出現過兩次，一處標註為泉音，一處標註為漳音。標註為泉音的是：

「尿，近淨」（kīrn/kūn-tsīng, kencing）

---

20 「誅」字下註「上聲」，「嗆」字下註「下上聲」。
21 「丹」字下註「下平聲」，「吒」字下註「入聲」。

「近」字泉音kīrn或kūn，對譯馬來語音ken。

標註為漳音的是：

「作麵包司，廚工美近羅知」（tû-kang bí-kīn lô-ti, tukang bikin roti）

「近」字漳音kīn，對譯馬來語音kin。

3 根

「根」字泉音kirn／kun，漳音kin。「根」字標註為漳音的，有兩條：

「飽，根讓」（kin-jiāng, kenyang）
「小便，根靜（即放尿也）」（kin-tsīng, kencing）

都是漳音kin對譯馬來語音ken。還有一條資料沒有標註泉音還是漳音：

「真㾪潤，勿突根噠」（bùt-tùt kirn/kun/kin-jiá, betul kenyal）

「㾪潤（khiū-lūn）」是食物嚼起來有彈性，依照《臺灣閩南語常用詞辭典》建議的漢字是「飫韌」。

馬來語音en到底用泉音irn還是用漳音in來對譯，如果把「根」、「銀」、「近」三個字放在一起觀察，就可以得到下表：

	泉音irn	漳音 in	未標註
銀		genting（銀丁）	gendong（銀哖）
近	kencing（近靜）		
根		kencing（根靜） kenyang（根讓）	betul kenyal（勿突根噠）

馬來語en這個音，到底應該用泉音irn還是用漳音in來對譯？《華夷通語》的作者似乎傾向用漳音in，但又有些舉棋不定，以致於同是kencing，卻一次標泉音，一次標漳音。

（三）泉音-iong：漳音-iang

1 讓

「讓」字泉音liōng，漳音jiāng。泉音和漳音的韻母不同，聲母也不同。漳音jiāng用來對譯馬來語音jang。例如：

「鰥夫，胡聲務讓」（ôo-lâng bū-jiāng, orang bujang）

「寡婦，不弄伴務讓」（put-lōng-phuān bū-jiāng, perempuan bujang）

「長，班讓」（pan-jiāng, panjang）

「長衫，峇柔班讓」（bâ-jiû pan-jiāng, baju panjang）

「眠牀，蘭讓」（lân-jiāng, ranjang）

「袒裼，直聲讓」（tit-lâng-jiāng, telanjang）

「風雨針，讓甲」（jāing-kah, jangka）

「風雨針（hong-ú-tsiam）」是晴雨計，對應的馬來文jangka單用是圓規，也用在各種計量器的名稱，如jangka angin是風速表、jangka susu是溫度計、jangka cahaya是測光表。「袒裼」是文言詞，閩南語說「thǹg-theh（褪裼）」，也有可能作者把「袒」字訓讀為thǹg。「眠床（bîn-tshn̂g）」也是閩南語詞。「長衫（tn̂g-sann）」是長袍，通常作禮服用。

2 嚷

「嚷」字泉音lióng，漳音jiáng。跟「讓」字一樣，泉音和漳音的韻母不一樣，聲母也不一樣。漳音jiáng用來對譯馬來語音jang，大部分用在否定

詞janggan的第一個音節。例如：

「嘴下鬚，嚷訖」（jiáng-gut, janggut）
「傳染，勿嚷吉」（bu̍t-jiáng-kit, berjangkit）
「不可去，嚷眼不宜」（jiáng-gán put-gî, jangan pergi）
「不可忘，嚷眼柳吧」（jiáng-gán liú-pa, jangan lupa）
「勿再遲緩，嚷眼來宜末覽末」（jiáng-gán lâi-gî bua̍t-lám-bua̍t, jangan lagi berlambat）
「幸勿見怪，嚷亞馬勝」（jiáng-a má-lâ, jangan marah）

3 上

「上」字泉音siōng，漳音siāng。漳音siāng用來對譯馬來語音siang，如：

「日間，上夏利」（siang hari）
「預早，上上」（siang-siang）

4 央

「央」字泉音iong，漳音iang。漳音iang用來對譯馬來語音yang。例如：

「惜，沙央」（sa-iang, sayang）
「祭神，三嗎央勝到[22]」（sam-má-iang lâ-to̍h, sam-sembahyang datuk）
「戲棚，邦昂花央」（pang-gông hua-iang, panggung wayang）
「演戲，馬演花央」（má-în hua-iang, main wayang）
「影，峇央峇央」（bâ-iang-bâ-iang, bayang-bayang）
「燕仔，務朗撈央撈央」（bū-lóng lā-iang-lā-iang, burung layang-layang）

---

22 「到」字標註「下入聲」。

5　揚

「揚」字泉音iông，漳音iâng。漳音iang用來對譯馬來語音yang，如：

「欠主，胡聲揚吁動」（ôo-lâng iâng hu-tāng, orang yang hutang）

「債主，胡聲揚甲是吁動」（ôo-lâng iâng kah-sī hu-tāng, orang yang kasi hutang）

「祖公，毛揚」（môo-iâng, moyang）

「祖公（tsóo-kong）」在閩南語是祖宗的意思。

（四）泉音-ong：漳音-uang

1　鈁

「鈁」字泉音hong，漳音huáng。這個字在麥都思《福建方言字典》中的解釋就是錢的意思。《華夷通語》中，「鈁」字用漳音huáng專用在對譯馬來文wang。例如：

「管銀人，廚江鈁」（tukang wang）

「利息，鈁武唯」（wang bunga）

「定銀，鈁曾葛覽」（wang cengkeram）

「船稅，鈁西瓦勃茗荷」（wang sewa perahu）

「抽頭銀，鈁堪麵申」（wang komisen）

這些都標註「鈁」字為漳音。書中有兩條資料不是把「鈁」字標註為漳音，而標註為「解說」的：

「罰銀，吁甘鈁」（hukum wang）

「賞銀，甲是荷吧鈁」（kasi upah wang）

有的「鈁」字沒有標註泉音或漳音的記號：

「銀袋，笨仁鈁」（ponjen wang）
「工資[23]，鈁荷吧」（wang upah）
「現銀，鈁廚哖」（wang tunai）
「一鈁，沙誅鈁」（satu wang）

馬來文wang是錢的意思，也是古代貨幣單位，相當於1/3 tali，1 tali等於25盾。換算下來「一鈁」大約是8.3盾。

五　入聲韻

（一）泉音-iok：漳音-iak

1　約

「約」字泉音iok，漳音iak。《華夷通語》書中都標註為漳音：

「篩斗，亞約簡」（a-iak-kán, ayakan）
「拆破，高約」（ko-iak, koyak）

2　若

「若」字泉音liȯk，漳音jiȧk。《華夷通語》大部分的「若」字都標註為漳音jiȧk，對譯馬來語音jak、yak、jar。例如：

23　原文作「工貲」。

「犁，峇若」（bā-jia̍k, bajak）
「踏，因若」（in-jia̍k, enjak）
「邀，亞若」（a-jia̍k, ajak）
「甚淡，滿若兜越氏」（buán-jia̍k tau-ua̍t-sī, banyak tawas）
「引去，亞若不宜」（a-jia̍k put-gî, ajar pergi）
「典舖，吧若迓黎」（pa-jia̍k gà-lê, pajak gadai）
「故衣店，結黎巴若」（kiat-lê pa-jia̍k, kedai pajak）

「故衣店（kòo-i-tiàm）」是舊衣店。[24]「典舖（tián-phòo）」是當舖。
　　另外有一個沒有標註泉音還是漳音的「涼」字：

「行好事，末吉利若埋奕」（bua̍t-kit-lī-jia̍k bâi-ik, berkerja baik）

「若」字對譯馬來語音ja，也是漳音jia̍k。
　　「若」字有少數標註為泉音lio̍k，對譯馬來語音juk。例如：

「涼（寒同），失若」（sit-lio̍k, sejuk）
「菱角子太涼勿多食，美兒實勝西直覽笨失若嚷眼媽干滿額」（bí-jî sit-lâ-se tit-lám-pūn sit-jio̍k jiáng-gán má-kan buán-gia̍h, biji selasih terlampauan sejuk jangan makan banyak）
「指指，惹理直倫若」（jiá-lí tit-lûn-jio̍k, jari telunjuk）

閩南語「指指（kí-tsáinn）」是食指的意思。

---

24 《臺日大辭典》有「故衣（kòo-i）」和「故衣店（kòo-i-tiàm）」。還有收「古衣（kóo-i）」和「古衣館（kóo-i-kuán）」。「古衣館」意思也是舊衣店，但註明是「新語」。

（二）泉音-iat：漳音-uat

1 悅

「悅」字泉音iat̍，漳音uat̍。用泉音iat̍對譯馬來語音yar，如：

「行船人，胡聲勿來悅」（ôo-lâng bu̍t-lâi-ia̍t, orang belayar）
「青螟蚙，已叨媽悅」（kí-la̍t má-ia̍t, kelemayar）
「還，埋悅」（bâi-ia̍t, bayar）
「納稅，埋悅西瓦」（bâi-ia̍t se-uá, bayar sewa）
「篷蓆，來悅知葛」（lâi-ia̍t ti-kat, layar tikar）
「揚篷，勿來悅」（bu̍t-lâi-ia̍t, belayar）

「篷（phâng）」即「帆」。
漳音ua̍t則對譯馬來語音uat，只有一個例子：

「裝貨船匠，廚江依詩瞞悅丹」（tû-kang i-si muâ-ua̍t-tan, tukang isi muatan）

（三）泉音-iat：漳音-it

1 吉

「吉」字泉音kiat，漳音kit。這個字有時標註泉音，有時標註漳音。標註泉音kiat時對譯馬來語音ke，如：

「鋸子，迓撈二吉舌」（gà-lā-jī kiat-tsih, gergaji kecil）
「小秤，撈真[25]吉舌」（lā-tsing kiat-tsih, dacing kecil）

---

25 「真」音tsin，對應馬來語音cing不甚合，當為「貞（tsing）」之訛。

「叔父，峇吧吉戬[26]」(bâ-pa kiat-tsit, bapa kecil)
「蟋蟀，貞吉嚟」(tsing-kiat-lê, cengkerik)
「開舖頭，武甲吉黎」(bú-kah kiat-lê, buka kedai)

標註漳音kit時對應馬來語音kit，如：

「崗，武吉」(bú-kit, bukit)
「少，詩吉」(si-kit, sikit)
「猜度，亞迓俾吉蘭」(a-gà pī-kit-lân, agak pikiran [fikiran])
「疾病，沙吉」(sa-kit, sakit)
「醫院，呅嗎沙吉」(lú-mā sa-kit, rumah sakit)
「破相，本野吉」(penyakit)

閩南語「破相（phuà-siùnn）」意思是殘障，而馬來語penyakit則是疾病的意思。

標註漳音kit也可以對應馬來語音kir。如：

「仔細想，卑吉埋埋」(pi-kit bâi bâi, pikir [fikir] baik baik)
「茶杯，漳吉亞逸」(tsiang-kit a-it, cangkir air)

有一個例子可能誤標註泉音kiat：

「鋸銼，基吉」(ki-kit, kikir)

對應馬來語音kir應當是漳音kit而不是泉音kiat。

---

26 「戬」字原註：「音真下入聲。」當為tsit音。

（四）泉音-ut：漳音-it

1 訖

　　「訖」字泉音gut，漳音git。標註為泉音時，gut對譯馬來語音gut或gup，例如：

　　「搆，榜訖」（pńg-gut, pungut）
　　「承應，鬆訖」（sanggup）
　　「不許，搭鬆訖」（tah sang-gut, tak sanggup）
　　「許諾，鬆訖撈耶[27]」（sang-gut iâ-lā, sanggup daya）

標註為漳音時，git對譯馬來語音gil、gel、ger、jer，例如：

　　「僱定著，須搭噤里邦訖」（su-tah jiá-lí pang-git, sudah jadi panggil）
　　「手釧，訖壟」（git-lâng, gelang）
　　「後大牙，訖撈蚶」（git-lā-ham, geraham）
　　「怕悛，訖里（即畏懼也）」（git-lí, jeri）

　　有兩個詞項的「訖」字泉音或是漳音的標註可能有誤：

　　「呻吟，問訖壟」（mn̄g-gut-lâng, mengerang）
　　「痢疾，忘亞逸於訖」（bông a-it î-gut, buang air ikut）

「問訖壟」的「訖」書中標註泉音gut，而對譯的馬來語音是ger，不如用漳音git比較接近。同樣是對譯馬來語音ger，前面「訖撈蚶」的「訖」用漳音

---

27 「撈耶」原誤作「耶撈」。

git，對譯geraham的ger就較為接近。「問訖壟」的「訖」或許應該是漳音而不是泉音。

另一個可能標註錯誤的詞項是「痾疾」。其中「於訖」的「訖」字標註為漳音，對譯馬來文ikut，「訖」用泉音gut的話，顯然比漳音git更加接近對譯的馬來語音kut。

（五）泉音-iak：漳音-ik╱-it

1 奕

「奕」字泉音iak，漳音ik。標註漳音ík時對譯馬來語音ik。例如：

「發冷，乃奕失辱」（nái-ik sit-jiȯk, naik sejuk）
「發熱，乃奕濫庵」（nái-ik lām-am, naik demam）
「發毒，乃奕未沙」（nái-ik bī-sa, naik bisa）
「發失心，乃奕宜撈」（nái-ik gî-lā, naik gila）
「味好，峇羽埋奕」（bâ-ú bâi-ik, bau baik）
「滋味好，撈沙嶺埋奕」（lā-sa-niá bâi-ik, rasanya baik）
「作好心，末亞致埋奕」（berhati baik）
「說好話，食鴿埋奕」（tsiȧh-kap bâi-ik, cakap baik）

都是用「埋奕」對譯baik，用「乃奕」對譯naik。

2 逸

「逸」泉音iak，漳音ík╱ít。漳音ik對譯馬來語音ik，it對譯馬來語音it或ir。漳音ík對譯馬來語音ik的如：

「登，乃逸」（nái-ik, naik）
「善，埋逸」（bâi-ik, baik）

「天時好，蛇詐埋逸」（tsuâ-tsà bâi-ik, cuaca baik）

漳音it對譯馬來語音it的如：

「裁縫司，廚江噎逸」（tû-kang jiá-it, tukang jahit）
「縫筐，峇骨惹逸丹」（bâ-kut jiá-it-tan, bakul jahitan）

漳音it對譯馬來語音ir的如：

「水，亞逸」（a-it, air）
「冰，亞逸峇誅」（a-it bâ-tú, air batu）
「泉，馬礁亞逸」（ma-ta a-it, mata air）
「水深，亞逸撈覽」（a-it lā-lám, air dalam）
「涎，亞逸流撈」（a-it liû-lā, air liur）
「眼淚，亞逸馬罩」（a-it má-tà, air mata）
「水鴨，依低[28]亞逸」（i-tit a-it, itik air）
「汲水，陣峇亞逸」（tīm-bâ a-it, timba air）

全書包含「亞逸」的詞語很多，共有三十幾個。

六　聲母

（一）泉音 kh-：漳音 g-

1 吃

「吃」字泉音khit，漳音git。漳音git對譯馬來語音git、get、gil、ger、

---

[28]「低」字原註「下入聲」。

gel、geg等。對譯git的如：

「咬，宜吃」（gî-git, gigit）

「一員銀，沙誅寧吃」（sa-tu lîng-git, satu ringgit）

「看銀司，廚江丁伍寧吃」（tû-kang ting-ngóo lîng-git, tukang tengok ringgit）

「換銀人，胡聾誅葛寧吃」（ôo-lâng tu-kat lîng-git, orang tukar ringgit）

漳音git對譯get的如：

「鐵鎚，榜吃卓」（pńg-git-tok, pengetuk）

「敍[29]，生吃」（sing-git, senget）

對譯gil的如：

「叫他來，邦吃利耶勝重」（pang-git lī-iâ lâ-tāng, panggil dia datang）

對譯ger的如：

「州府，那吃里」（ná-git-lí, negeri）

「百姓，胡聾那吃里」（ôo-lâng ná-git-lí, orang negeri）

「庵堂，吃黎噫」（git-lê-jiá, gereja）

「小禮拜堂，吃黎噫結舌」（git-lê-jiá kiat-tsih, gereja kecil）

---

29 原誤作「敧」。馬來文senget是傾斜的意思。

對譯gel的有：

「暗，吃嚹」（git-lǎp, gelap）

「沉，丁吃濫」（ting-git-lām, tenggelam）

還有一個對譯geg的例子：

「剪虫，吃眼」（git-gán, gegat）

「剪虫（tsián-thâng）」閩南語是蛀蟲的意思。

（二）泉音 l-：漳音 n-

1 怒

怒：泉音lǒo，漳音nōo。漳音對譯馬來語音nuh。如「滿，奔怒」（pen-uh）、「裝滿儎，依詩奔怒」（i-si phun-nōo, isi penuh）、「殺，務怒」（bū-nōo, bunuh）、「故殺，鬆亞喏務怒」（sang-a-jiá bū-nōo, sengaja bunuh）、「誤殺，搭鬆亞喏務怒」（tah sang-a-jiá bū-nōo, tak sengaja bunuh）。

七　結語

從《華夷通語》中，可以感受到異文化接觸時，為了彼此溝通而努力的過程。兩個語言的語義、語法、語音都不一樣，在使用漢字注音時，或是在詞語的翻譯上，一定有許多不能完全契合的地方。再加上閩南語本身的多樣性，漳音和泉音不一定可以截然劃分清楚，漳、泉內部各有次方言。對於漳音或是泉音的判定，有時不符合文獻上的記載或是現代的調查。所以會有一些令人費解的地方。

例如「君」字一般上泉音和漳音都是 kun，可是《華夷通語》卻有許多詞項的「君」字標註為泉音。例如：

「黃色，胡腀那君冷」（ôo-lûn-ná kun-líng, warna kuning）

「黃布，加因君冷」（ka-in kun-líng, kain kuning）

「冬瓜，君律」（kun-lu̍t, kundur）

「黃姜，君執」[30]（kun-tsip, kunyit）

「玉燕，務朗君冷」（bū-lóng kun-líng, burung kuning）

「胡絲，事直撈君網」（sū-tit-lā kun-bāng, sutera kumbang）

「胡絲」的「胡（ôo）」閩南音近「烏（oo）」，「烏絲」即「黑色絲綢」。「玉燕」的馬來文 burung kuning 意為「黃色的鳥」。「黃姜」是咖哩的主要成分，《臺日大辭典》叫做「薑黃（kiunn-n̂g）」。這些詞語的「君」字都對應馬來語音 kun，標註為泉音。但是這個字漳音也是 kun，標註「泉音」實是多此一舉。究其原因，閩南語中有一些字的方音對應是泉音 kirn／kun、漳音 kin，例如：巾、斤、根、跟、均、鈞、筋等字。但是「君、軍」這類字漳泉都是 kun。《華夷通語》特別註明「君」是泉音，或許是因為受到巾、斤、根等字影響而類推，以為「君」字漳音讀 kin，所以才標註為泉音。

---

30 「黃姜」原作「黃羗」。「執」原文從禾從執。

參考文獻

一　專書

小川尚義等編：《臺日大辭典》，臺北：臺灣總督府，1931-1932年。

汪　昂著，洪淵重校：《增批本草備要》，上海：廣益書局，1947年。

周長楫主編：《閩南方言大詞典》，福州：福建人民出版社，2006年。

周長楫、周清海編：《新加坡閩南話詞典》，北京：中國社會科學出版社，2002年。

林衡南：《華夷通語》，新嘉坡：古友軒，1900年重刊。

謝秀嵐：《彙集雅俗通十五音》，高雄：慶芳書局，約1950年。

Macgowan, John., *English and Chinese dictionary of the Amoy dialect*. Amoy: A. A. Marcal, 1883.

Medhurst, Walter Henry., *A dictionary of the Hok-këèn dialect of the Chinese language.* Macao: Honorable East India Company's Press, 1832.

二　期刊論文

李如龍：〈《華夷通語》研究〉，《方言》1998年第2期，1998年5月，頁105-113。

三　網路資料

中華民國教育部：《臺灣閩南語常用詞辭典》，https://twblg.dict.edu.tw/holodict_new/，2011年。

2023「東南亞族群與文化」國際學術研討會議程表

指導單位：教育部
主辦單位：國立屏東大學人文社會學院
承辦單位：國立屏東大學中國語文學系
合辦單位：國立屏東大學文化發展學士學位學程原住民專班、社會發展學系
舉辦日期：2023年4月14日（五）線上會議

08:40-09:00		報　　到	
開幕典禮	09:00 ｜ 09:20	陳永森校長（國立屏東大學）致詞 尤芳達校長（馬來西亞拉曼大學）致詞 黎黃勇副校長（越南胡志明市人文社會科學大學）致詞	
專題演講	09:20 ｜ 10:20	主　持：簡光明院長（國立屏東大學人文社會學院） 主　講：丁荷生教授（新加坡國立大學中文系） 講　題：一海一廟：新加坡及東南亞廟宇與社團網絡的歷史轉型	
10:20-10:30		中場休息	
場次	時間	主持人	發表人	題　目
論文發表（一）	10:30 ｜ 12:00	張曉威 馬來西亞拉曼大學 中華研究院院長	楊迎楹 馬來亞大學 中文文學系 高級講師	馬來西亞檳城破浪布袋戲的語言風格
			湯嵋廂 馬來西亞拉讓師範學院講師	廣府後喪葬禮俗與挽歌「時文」的關係

場次	時間	主持人	發表人	題　　目
論文發表（一）	10:30 ｜ 12:00	張曉威 馬來西亞拉曼大學 中華研究院院長	邱彩韻 國立清華大學華文文學研究所兼任助理教授	黃桐城及其潮州民間傳說書寫
			黃文車 國立屏東大學中國語文學系教授兼系主任	《三州府文獻修集選編》中的新馬華人民間生活百態
12:00-13:30			午　　餐	
場次	時間	主持人	發表人	題　　目
論文發表（二）	13:30 ｜ 15:00	裴德英 越南土龍木大學國際事務處國際長	阮黃燕 越南胡志明市人文社會科學大學東方學系助理教授	越南石敢當信仰的世俗化現象——以越南北部為例
			阮玉詩 越南胡志明市國家大學社會科學與人文大學文化學系主任	關帝出遊東海：越南潘切市關帝廟會的形成與當前發展
			杜溫 緬甸獨立文史研究者	緬甸華人的鄉愁記憶和民間信仰文化空間——以緬甸岱枝和泉州馬甲鎮洋坑村兩地康濟廟為案例
			嚴立模 國立屏東大學中國語文學系助理教授	《華夷通語》中的泉音與漳音
15:00-15:10			中　場　休　息	

場次	時間	主持人	與談人	主　　題
座談會（一）	15:10 ｜ 16:10	李馨慈 國立屏東大學文化發展學士學位學程原住民專班副教授兼主任	林慧年主任 國立屏東大學文化發展學士學位學程原住民專班副教授 兼原住民族學生資源中心主任 Ardhya Nareswari 印尼日慈加查馬達大學建築與規劃工程系助理教授 阮辰心 國立屏東大學文化事業發展碩士學位學程原住民專班研究生	台灣與東南亞原住民交流與對話
場次	時間	主持人	與談人	主　　題
座談會（二）	16:10 ｜ 17:00	吳品賢 國立屏東大學社會發展學系助理教授	丁文卿 國立中正大學勞工關係學系博士後研究員 吳宜瑾 英國薩塞克斯大學發展研究學院博士候選人	內戰下的國家與族群政治
17:00-17:10			閉　幕　典　禮	

【議事規則】

1. 論文發表：主持人5分鐘，發表人20分鐘，綜合討論5分鐘。
2. 座　談　會：主持人5分鐘，與談人15分鐘，綜合討論5分鐘。

學術論文集叢書 1500044

穿越記憶與傳說：東南亞文化的五重奏
2023「東南亞族群與文化」國際學術研討會論文集

主　　編	簡光明
編輯委員	林大維、林秀蓉
助理編輯	林欣眉、陳思雅
責任編輯	林以邠
特約校對	張逸芸
發 行 人	林慶彰
總 經 理	梁錦興
總 編 輯	張晏瑞
編 輯 所	萬卷樓圖書股份有限公司
封面設計	吳華蓉
印　　刷	百通科技股份有限公司
發　　行	萬卷樓圖書股份有限公司

臺北市羅斯福路二段 41 號 6 樓之 3
電話 (02)23216565
傳真 (02)23218698
電郵 SERVICE@WANJUAN.COM.TW

香港經銷　香港聯合書刊物流有限公司
電話 (852)21502100
傳真 (852)23560735

ISBN 978-626-386-248-7

2025 年 3 月初版一刷
定價：新臺幣 280 元

如何購買本書：

1. 轉帳購書，請透過以下帳戶
　合作金庫銀行　古亭分行
　戶名：萬卷樓圖書股份有限公司
　帳號：0877717092596

2. 網路購書，請透過萬卷樓網站
　網址 WWW.WANJUAN.COM.TW

大量購書，請直接聯繫我們，將有專人為您服務。客服：(02)23216565 分機 610

如有缺頁、破損或裝訂錯誤，請寄回更換
版權所有・翻印必究
Copyright©2025 by WanJuanLou Books CO., Ltd.
All Rights Reserved　　　　Printed in Taiwan

國家圖書館出版品預行編目資料

穿越記憶與傳說：東南亞文化的五重奏「2023東南亞族群與文化學術研討會」論文集/簡光明主編. -- 初版. -- 臺北市：萬卷樓圖書股份有限公司, 2025.03
　　面；　　公分. -- (學術論文集叢書；1500044)
ISBN 978-626-386-248-7(平裝)
1.CST: 民族文化　2.CST: 文化研究　3.CST: 文集　4.CST: 東南亞

541.2607　　　　　　　　　　　　114002384